Higiene y asepsia
en peluquería

Contenidos desarrollados para los
Programas de Cualificación Profesional Inicial
y los establecidos para el
Certificado de Cualificaciones Profesionales Nivel 1

VIDEOCINCO
EDITORIAL

Teléfono: 915 429 352. Fax: 915 429 590
Teléfono de pedidos y atención al cliente: 915 411 034
www.videocinco.com

Proyecto editorial

Equipo de ediciones de Videocinco

Dirección y coordinación

Paloma López Mardomingo

Autores

Pilar Mínguez

Colaboración especial

Instituto Superior de Inteligencia Emocional I.S.I.E. (Ana Bayón y Antonio Esquivias)

Ilustración

Rubén Alcocer

Iván Alfaro

Esther Gili

Fotografía

Federico Reparaz y Alvaro Tomé

Diseño de portada

Ramón Ors

Diseño

PeiPe, s.l.

Maquetación

PeiPe, s.l.

Edición

Belén Martín Armand

Impresión

Gráficas Monterreina

© 2011 por editorial Videocinco

Teléfono: 915 429 352 Fax: 915 429 590

Teléfono de pedidos y atención al cliente: 915 411 034

www.videocinco.com

ISBN: 978-84-96699-55-7

Depósito legal: M-33968-2010

Impreso en España. *Printed in Spain*

ÍNDICE

El libro que tienes en tus manos pretende que conozcas la importancia que tiene el cuidado del cuerpo y los buenos hábitos tanto como profesional como usuario de las centros de estética.

Los aspectos clave son: el cuidado de los instrumentos, dar un sentido sanitario de prevención que aporta sensación de eficacia y atención, cuidar nuestra labor como profesionales, potenciando un trato personalizado hacia el cliente, mejorando nuestras habilidades profesionales y sociales para el ejercicio de la profesión.

1

TEMA

Útiles y materiales para la higiene capilar

EN ESTE TEMA...

> ❝ Cada herramienta, cada útil que usamos es fruto de una idea plasmada en un material, a veces mejorada a lo largo de muchos años por ideas plasmadas por personas concretas.

1. CEPILLOS Y PEINES

Los cepillos y peines son útiles que se emplean para peinar y desenredar el cabello.

1.1. CEPILLOS

La siguiente imagen muestra las diferentes partes de un cepillo:

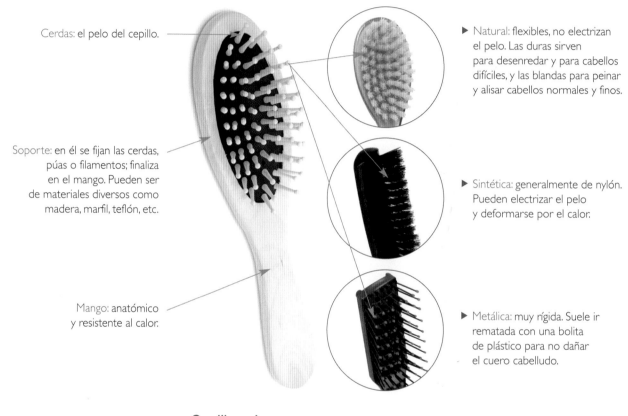

Cerdas: el pelo del cepillo.

Soporte: en él se fijan las cerdas, púas o filamentos; finaliza en el mango. Pueden ser de materiales diversos como madera, marfil, teflón, etc.

Mango: anatómico y resistente al calor.

▸ Natural: flexibles, no electrizan el pelo. Las duras sirven para desenredar y para cabellos difíciles, y las blandas para peinar y alisar cabellos normales y finos.

▸ Sintética: generalmente de nylón. Pueden electrizar el pelo y deformarse por el calor.

▸ Metálica: muy rígida. Suele ir rematada con una bolita de plástico para no dañar el cuero cabelludo.

Cepillos planos

Sirven para desenredar, cepillar el cabello, alisarlo, e incluso para crepar.

Cepillo de fuelle

Desenredar, y cepillar el cabello marcado.

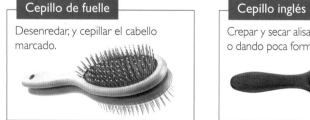

Cepillo inglés

Crepar y secar alisando suavemente o dando poca forma.

Cepillo para crepar

Cardar y pulir los marcados y recogidos.

Cepillo esqueleto

Secar rápidamente con poco volumen, y proporciona un acabado suelto y natural. También se emplea para ahuecar los marcados, y cardarlos, desenredar, y cepillar el cabello marcado.

Cepillo térmico

Son de recubrimiento metálico simple o con acabado cerámico. Se utilizan para alisar, desenredar, y cepillar el pelo.

Cepillos redondos

Debe elegirse en función de la longitud, cantidad, calidad del pelo, y del efecto que queramos conseguir. Para alisar cabello largo escogemos los más grandes, y los más pequeños son para ondular, dar volumen, y alisar el pelo menos largo y abundante.

De madera

Se emplean generalmente para alisar.
Las cerdas pueden ser naturales, sintéticas, o mezcladas.

Térmicos

Pueden ser de metal simple, o con acabado cerámico. Suelen ser de aluminio perforado para permitir el intercambio de calor, y sirven para alisar o dar cualquier forma al cabello, ya que retienen muy bien el calor.

Otros

Además de los cepillos planos y redondos, existen otras formas como hélice, semicirculares o de media caña, etc.

Pon en práctica

1. Completa el siguiente mapa conceptual:

2. Observa en clase cinco cepillos distintos, explica y razona en qué técnica y para qué cabello los emplearías.

3. Explica qué cepillo escogerías para crepar, para rizar un cabello natural de largo medio, y para alisar un cabello largo.

1.2. PEINES

El peine está formado por una sucesión de púas paralelas en una única hilera, colocadas a diferente distancia según su función. Sirve para desenredar, peinar, colocar, y crepar el cabello. Según su **materia** prima, las propiedades varían.

▶ Concha o carey: no electrizan el cabello, son caros y frágiles.

▶ Caucho natural (látex) o sintético: electrizan el cabello y se deforman con el calor.

▶ Metal: pueden causar reacciones adversas en contacto con productos químicos.

▶ Ebonita: antiestáticos, son duros, y de buen tacto.

▶ Plástico: son los más utilizados por su flexibilidad, resistencia a la coloración y bajo precio, aunque no resisten bien el calor.

▶ Fibra de carbono: antiestáticos, resistentes al calor y a los productos químicos, pero poco flexibles.

Según su **función** se clasifican en:

▶ De desenredar o escarpidores: grandes, con púas anchas y separadas, y llevan mango. Generalmente de plástico, caucho o fibra de carbono. Se emplean para peinar los tintes.

▶ De púa: sirven para los cambios de forma y de color. En su extremo tienen una púa horizontal, que puede ser de plástico, para las particiones de mechas, tinte, permanente; o de metal, para las particiones en los cambios de forma temporales, y para divisiones de gran precisión. Los dientes pueden ser iguales, alternos, en punta de flecha, etc., y la púa puede ser recta o curvada.

▶ De corte: tienen dos zonas, una con púas finas y juntas, para sujetar el cabello fino o escaso; y otra con púas más gruesas y separadas, para el cabello más grueso o abundante. También pueden emplearse para las ondas al agua, el cardado, y el peinado final de las distintas técnicas.

▶ Ahuecadores: suelen tener púas finas y juntas en uno de los lados, para peinar o cardar y en el extremo opuesto 4 ó 5 dientes horizontales para ahuecar el pelo.

▶ Lendreras: peines de púas muy juntas que se emplean en desparasitación por pediculosis. Pueden ser de plástico, pero los más efectivos son los de metal con púas microacanaladas.

Pon en práctica

4. Localizad en revistas, internet o en tiendas profesionales, tres tipos de peine distintos a los explicados anteriormente, y debatid en clase su uso y función, atendiendo a sus características y a su similitud con los estudiados.

2. PINZAS Y MOLDES

Las pinzas y moldes se emplear para sujetar y dar forma al cabello.

2.1. PINZAS, HORQUILLAS Y PINCHOS

▶ Pinzas. Sirven para sujetar el cabello o los moldes. Pueden ser de plástico o de metal.

▶ Horquillas. Son de metal, generalmente acero, dobladas por la mitad, sujetan y fijan el cabello en recogidos y peinados.

▶ Pinchos o picas. Son varillas de plástico, con cabeza grande y redondeada, que se utilizan para sujetar los rulos de red y otros.

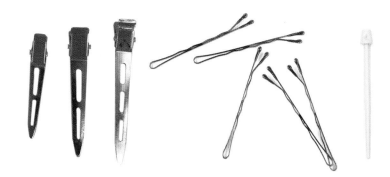

2.2. MOLDES

Se utilizan para dar forma al cabello.

▶ Rulos. Son moldes cilíndricos, generalmente huecos. El tamaño se selecciona según la longitud del cabello, o el tamaño de onda deseada.

Rulo de plástico	Rulo autoadherente	Rulo térmico	Rulo de malla
Se sujetan con horquillas.	Cilindro de plástico recubierto de velcro.	Cilindro de plástico que se calienta.	Cilindro formado por una espiral de cerdas recubierta por una malla.

▶ Bigudíes. Moldes estrechos y alargados que se cruzan de un lado a otro con un cierre de goma, para impedir que la mecha se desplace y modifique su forma. Se utilizan para cambios de forma permanentes. Pueden ser de diferentes formas, tamaños, materiales y calibres.

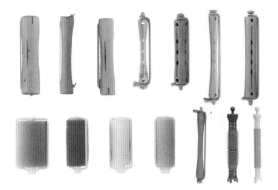

Pon en práctica

5. Practica sobre una muñeca y ponle los diferentes moldes y que tienes para realizar un cambio de forma temporal. ¿Qué resultado has obtenido? ¿Has necesitado algo más aparte de moldes?

3. ÚTILES PARA MEZCLAS

Para realizar mezclas y diluciones de productos se emplean recipientes y utensilios con los que batimos los productos. También necesitamos recipientes medidores para calcular el volumen de los diferentes líquidos empleados:

Bol

Recipiente redondo de plástico, vidrio, porcelana, etc. que se emplea para realizar, o contener la mezcla o producto.

Paletina

Pincel plano de plástico o fibra sintética para aplicar los cosméticos de coloración y decoloración, y otros productos cremosos.

Probeta y coctelera

Se utilizan para medir y preparar las mezclas de productos.

4. CONSERVACIÓN Y MANTENIMIENTO

Es imprescindible limpiar los materiales después de usarlos con cada cliente.

▶ Cepillos, peines, pinzas, horquillas, pinchos y moldes: se sumergen en agua tibia con unas gotas de amoniaco, y detergente para ablandar la grasa y suciedad. Se frotan con un cepillo entre las púas para eliminar restos de suciedad, aclarándose con agua.

▶ Boles, paletinas, probetas y cocteleras: se limpian inmediatamente después de finalizar su uso con agua y detergente.

Si queremos una desinfección intensa de algunos de los útiles, se pueden desinfectar sumergiéndolos en lejía diluida al 1%, u otro desinfectante autorizado por Sanidad, durante unos 30 minutos.

Después de la limpieza y desinfección, deben guardarse en un lugar apropiado, limpio, seco, y protegido de posibles contaminaciones.

Pon en práctica

6. Escribe en un folio los útiles de peluquería que tienes en casa, y con los que trabajas en clase, y escribe al lado cómo higienizarlos y desinfectarlos.

5. ÚTILES DE CORTE

Los útiles de corte son delicados y de precisión. Deben permanecer siempre bien afilados, y con las puntas y zonas de corte protegidas.

5.1. TIJERAS

Suelen estar fabricadas con acero de diferentes aleaciones. Pueden llevar anillos protectores para evitar roces con el metal.

Tijera recta	**Tijera curvada**	**Tijera mixta**	**Tijera dentada**
Se usan para cualquier tipo de corte.	Facilita el corte de zonas con difícil acceso.	Reduce el volumen del cabello.	Reduce la densidad del cabello sin modificar la longitud general.

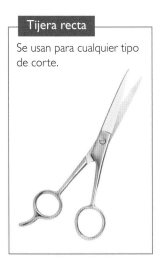
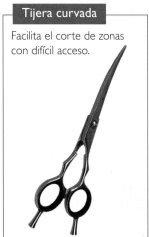

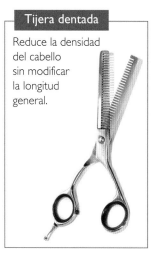

5.2. NAVAJAS

Suelen estar realizadas en acero fundido, y se emplea principalmente para los desfilados y los entresacados de cabello, ya que consiguen un efecto muy natural y sofisticado, y también para el afeitado.

5.3. MÁQUINAS CORTAPELO

Constan de dos cuchillas de acero, cerámica o titanio, que se desplazan una sobre otra produciendo el corte. Van provistas de varios cabezales de corte para conseguir diferentes longitudes. Puede utilizarse sola para dejar el cabello más corto, o levantando el pelo con el peine para dejar el cabello más largo. Debe limpiarse cuidadosamente después de su uso.

Pon en práctica

7. Realiza un esquema donde expliques las características y las diferencias entre los diferentes tipos de tijera vistos en el tema. Amplíalo si conoces algún otro tipo.

8. Realiza una carpeta expositora de los diferentes tipos de máquinas cortapelo que conoces, con fotografías, recortando publicidad de tiendas de electrónica, o con artículos de revistas.

6. MOBILIARIO Y LAVACABEZAS

En las peluquerías encontramos lavacabezas y carritos auxiliares:

▶ Lavacabezas: mueble destinado a la higiene capilar, formado por una pila o teja para apoyar la cabeza del cliente y una base cubierta que oculta el sistema de fontanería.

El lavacabezas se complementa con el sillón, espacio destinado al cliente que puede ser independiente o estar adosado.

Conservación y mantenimiento

Los lavacabezas deben limpiarse con detergente después de su uso, insistiendo en la zona de apoyo del cuello.

Los sillones, si son impermeables, será suficiente con pasar un paño limpio impregnado en desinfectante.

Los carritos auxiliares se limpian con desinfectante.

▶ Carrito auxiliar: sirven de ayudante o como organizador de todos los materiales que vayamos a utilizar. Llevan ruedas, y puede llevar varias bandejas o estantes.

7. PROTECCIÓN DEL CLIENTE

Debemos proteger al cliente con materiales de tela, plástico o desechables.

Bata

Se le ofrece al cliente en la recepción, y no se le retirará hasta la salida

Capa impermeable

Se coloca sobre la bata para evitar manchas en los procesos de cambios de color o forma. No se retira hasta finalizar el riesgo.

Peinador

Se coloca sobre la bata.

Toallas

No se deben reutilizar.

Pon en práctica

9. Imagina que tienes que montar una peluquería. Busca en revistas, Internet, etc. fotos del mobiliario que colocarías, y ponlo en una carpeta, explicando el mayor número de detalles que puedas.

10. Escenificad en grupos de dos, la colocación de los equipos de protección a una cliente-compañera. Después la compañera-cliente ayudada por la profesora, comentará como se ha sentido, y qué se podría mejorar.

Planificación y seguimiento de la agenda

Como profesionales, debemos conocer los tiempos de realización aproximados de los servicios que realizamos, y ser rigurosos y puntuales respetando el tiempo asignado, para evitar esperas en los clientes posteriores.

Si el tiempo utilizado con un cliente no coincide con el que teníamos previsto, dejar constancia de ello para citas posteriores.

En tu trabajo...

Debes conocer los tiempos de realización aproximados de los servicios que realizamos, y ser rigurosos y puntuales respetando el tiempo asignado, para evitar esperas en los clientes.

8. ORGANIZACIÓN DEL TRABAJO

En la organización del trabajo, es imprescindible trabajar en equipo, la puntualidad, el orden y la clasificación de tareas y prioridades.

La agenda es primordial para ello, las hay clásicas y electrónicas. Una buena agenda debe disponer de algunos elementos:

Nombre del cliente y servicio solicitado.

Distribución horaria: conviene gestionarla en fracciones de 10-15 minutos para gestionar bien los tiempos.

Si un cliente acude por primera vez, le asignamos más tiempo para realizar la ficha técnica.

Si un cliente acude sin cita previa, se le informa del tiempo aproximado de espera para evitar malos entendidos.

Dependiendo de las necesidades de organización del salón, la agenda puede ser:

▶ Común para todos: escribimos con letras mayúsculas y claras para que todos entendamos las anotaciones.
▶ Individual: intentamos que esté clara y ordenada.

En una agenda se deben registrar los siguientes datos:

Jueves 18 junio			
HORA	NOMBRE	TRATAMIENTO	PROFESIONAL
11:00 h.	MARTA GARCÍA	Color	ANA
12:00 h.	FERNANDO GÓMEZ	Corte	LUIS

Pon en práctica

11. Confecciona una hoja de agenda con diversas citas y tiempos a lo largo de un día de 09,00 de la mañana a 13,30 y de 16,30 a 20,00 horas.

Hora	Cliente	Servicio	Profesional

Recuerda

▶ Los cepillos se emplean para diferentes técnicas en función de su tamaño y los materiales de los que está formado.

▶ Los cepillos térmicos son los que mejor resultado consiguen porque retienen el calor, pero no se debe abusar de su uso, pues pueden ser agresivos con el cabello.

▶ Los mejores peines son los resistentes al calor, y que no aportan al cabello electricidad estática.

▶ Los moldes se utilizan para cambiar la forma del cabello, y según el tipo, la forma y la colocación varía el resultado final.

▶ Los útiles de la higiene capilar han de limpiarse inmediatamente después de su uso, y posteriormente someterles a desinfección, o esterilización, si fuera necesario.

▶ Las tijeras han de permanecer siempre bien afiladas, y con las zonas de corte y puntas protegidas, para evitar riesgos, y que puedan despuntarse.

▶ El lavacabezas ha de quedar perfectamente encajado en el cuello del cliente, para evitar que se le moje la espalda.

▶ El control de la agenda es imprescindible para ofrecer un servicio de calidad.

Actividades

① Relaciona el grosor y composición de cinco cepillos distintos con las técnicas para las que se emplean.

② Explica para qué se utiliza el cepillo plano "de esqueleto".

③ Relaciona el tipo de peine con la característica que corresponde:

A. Peine de corte	– Varias púas horizontales.
B. Peine de desenredar	– Una púa larga horizontal.
C. Peine ahuecador	– Grandes púas anchas y separadas.
D. Peine de púa	– Púas muy juntas y microacanaladas.
E. Lendrera	– Púas anchas y separadas, con mango.

④ Observa la diferencia entre los moldes que se utilizan para los cambios de forma temporales y permanentes. Explica cómo limpiarías los diferentes moldes.

⑤ Explica los diferentes tipos de tijeras que hay, y razona porque la de una sola hoja dentada corta más pelo que la de dos hojas dentadas.

⑥ Explica cómo higienizarías la zona de lavado después de una decoloración con papel de aluminio. ¿Dónde depositarias el aluminio, y como limpiarías el resto del material?

⑦ Realiza una memoria de los útiles que hemos visto en el tema, con dibujos, fotografías o recortes, y si lo consideras oportuno, añade todas las novedades que conozcas y no se hayan visto en el tema. Puede ser en forma de póster.

⑧ ¿Qué puede pasar si la agenda de una peluquería está desordenada? ¿Qué se puede hacer para evitarlo?

2

TEMA

El profesional y el cliente

> **"** Nuestra relación con nuestros clientes depende sobre todo de nuestra actitud. Nuestra actitud no se puede fingir todo el tiempo, por ello es fundamental cuidarse también para transmitirlo de forma natural y directa.

1. REQUISITOS DE LA ACTIVIDAD PROFESIONAL

Debemos cumplir ciertas normas de conducta o cualidades profesionales:

▶ Discreción. Los temas hablados con los clientes se consideran confidenciales.

▶ Cortesía. Hay que procurar agradar en todo momento, con amabilidad y educación.

▶ Puntualidad. Indica profesionalidad, no se debe hacer esperar a un cliente.

▶ Empatía. Ponerse en el lugar de la persona que se atiende, facilita la comprensión de sus demandas.

▶ Honestidad. Debemos corresponder a la confianza que depositan en nuestra opinión, no creando falsas expectativas, ni tratando de vender lo que a nosotros nos pueda resultar más rentable, perderíamos su confianza y se sentirían engañados.

▶ Aptitud profesional. Es necesario ser buen observador, y tener buena memoria, coherencia, equilibrio emocional, capacidad de autocrítica y voluntad de superación.

1.1. HIGIENE E IMAGEN DEL PROFESIONAL

El aspecto del profesional ha de ser impecable, adecuado a la moda y al estilo del salón, tratando de ser lo más neutral posible, sin exageraciones. Conseguir el éxito es fácil si sigues este decálogo:

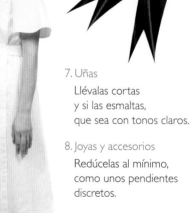

1. Higiene personal

   Dúchate tantas veces como sea necesario y emplea desodorante.

2. Higiene bucal:

   Cepíllate después de cada comida y emplea enjuague bucal.

3. Perfume

   Emplea uno discreto, y mejor si es agua de colonia.

4. Maquillaje

   Utiliza uno suave, que no necesite retoques.

5. Cabello

   Lllévalo siempre limpio y peinado de manera que no moleste al realizar el trabajo.

6. Manos

   Mantenlas limpias en todo momento y emplea productos antisépticos entre cliente y cliente.

7. Uñas

   Llévalas cortas y si las esmaltas, que sea con tonos claros.

8. Joyas y accesorios

   Redúcelas al mínimo, como unos pendientes discretos.

9. Ropa

   Lleva el uniforme siempre limpio y planchado.

10. Calzado

    Usa calzado anatómico, discreto y fácil de limpiar, que no desentone con el uniforme.

1.2. ENFERMEDADES PROFESIONALES MÁS FRECUENTES EN PELUQUERÍA

En los salones de peluquería, se trabaja con productos que, en algunos casos, pueden resultar nocivos.

Enfermedad profesional

Enfermedad adquirida en el puesto de trabajo. En la legislación actual está así tipificada.

ENFERMEDAD	¿QUÉ ES?	¿CÓMO SE PRODUCE?	TRATAMIENTO
Dermatitis	Inflamación de las capas superficiales de la piel, con el tiempo aparecen ampollas, enrojecimiento, costras, descamación y, a veces, picores.	Contacto con ciertos metales, como el níquel de las tijeras, jabones, detergentes, y determinados productos químicos.	Médico
Espongiosis	Infiltrado de líquido entre las células de la epidermis que da a la piel un aspecto arrugado.	Contacto continuo con el agua, dejando la piel desprotegida ante sustancias químicas.	Secar las manos y aplicar una crema que restaure el pH de la piel.
Enquistamiento pilífero	Penetración en la piel de pelos cortos y finos.	Realización de corte de cabello.	Sacar los pelos con una pinza; si existe infección, hay que acudir al médico.
Síndrome del túnel carpiano	Lesión que comprime el nervio mediano de la muñeca, y provoca rigidez, dolor y calambres en las manos.	Realización de movimientos repetitivos o por tener durante periodos de tiempo prolongados las muñecas dobladas.	Reposo, uso de muñequeras, y en casos graves intervención quirúrgica.

Pon en práctica

1. Debatid en clase, punto por punto, los detalles más importantes de la imagen profesional explicados, indicando si modificaríais algo, y cómo.

2. ¿Sabes si hay alguna manera de prevenir las enfermedades profesionales? ¿Qué medidas crees que se pueden adoptar para evitar las que se relacionan con tu profesión?

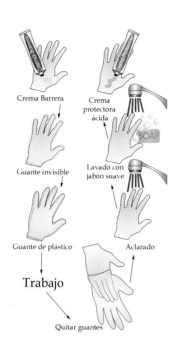

Crema Barrera

Crema protectora ácida

Guante invisible

Lavado con jabón suave

Guante de plástico

Aclarado

Trabajo

Quitar guantes

1.3. MEDIDAS Y EQUIPOS DE PROTECCIÓN PROFESIONAL

Generalmente son comunes a todo el personal del centro, y están destinadas a minimizar los riesgos de accidentes laborales y enfermedades.

▶ Prevención de transmisiones y contagios. Las lesiones de la piel las cubrimos con un apósito; si estas se sitúan en las manos, empleamos guantes.

▶ Vestuario. El uniforme es un equipo de protección; debe lavarse y desinfectarse siempre que sea necesario.

▶ Calzado. Anatómico y cómodo, debe sujetar bien el pie y permitir la transpiración, tener suela antideslizante, y tacón bajo.

▶ Materiales y productos aislantes. Se deben utilizar siempre guantes impermeables de látex, vinilo o neopreno.

▶ Equipos de protección. Cuando se vaya a realizar un tratamiento con láser, profesional y cliente deberán llevar gafas de protección.

▶ Material desechable de un solo uso. Se ha de utilizar siempre que sea posible, para evitar riesgos.

1.4. POSTURAS ERGONÓMICAS EN LOS PROCESOS DE HIGIENE CAPILAR

Para evitar lesiones, hay que disponer de mobiliario regulable y adaptable, pero sobre todo es imprescindible cumplir ciertas normas de ergonomía al trabajar en el lavacabezas.

Ergonomía

Ciencia, que trata de adaptar los objetos, y el entorno en general, a las capacidades y necesidades de las personas, para que el trabajo que realizan sea más seguro, eficaz, y cómodo.

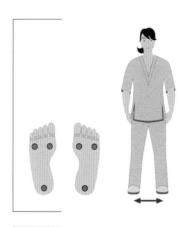

▶ Manten las piernas alineadas con los hombros, dejando caer el peso del cuerpo sobre ambas. Controla el equilibrio al realizar movimientos repetitivos hacia delante y detrás, y hacia los lados.

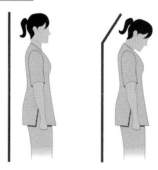

▶ Mantén la espalda recta, especialmente las cervicales y lumbares; son las que más sufren.

▶ Cuándo te agaches, no dobles la espalda, flexiona las piernas manteniendo la columna recta.

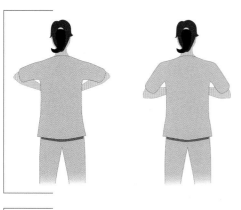

▸ Los brazos deben estar separados del tronco para facilitar el movimiento, con los hombros bajos y relajados, y los codos ligeramente levantados.

En tu trabajo...

A la hora de realizar ciertos movimientos debes evitar:

▸ Girar parcialmente la cabeza o la columna, es mejor girar todo el cuerpo.

▸ No elevar los brazos por encima de los hombros, ya que al hacerlo se fuerza la columna vertebral.

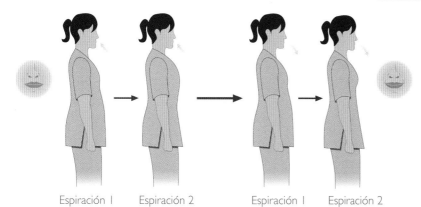

| Espiración 1 | Espiración 2 | Espiración 1 | Espiración 2 |

▸ Utiliza técnicas de relajación física y mental, e intenta aumentar tu flexibilidad y con ello tu agilidad y destreza, en dedos y manos, realizando ejercicios y estiramientos.

También es importante que el **cliente** esté cómodo:

▸ Hay que preguntarle, y prestar atención a las expresiones de su rostro para comprobar su comodidad, temperatura del agua, etc.

▸ Si tiene discapacidad motora, puede realizarse el proceso de higiene en su propia silla, siempre protegiendo completamente al cliente y a la silla durante el proceso.

▸ En el caso de ancianos, habrá que prestar especial atención a sus posibles limitaciones de movilidad, y a las posiciones que puedan resultarles dolorosas.

▸ Para los niños y personas de baja estatura, se colocará un elevador o cojín en el sillón.

Pon en práctica

3. De pie, con las piernas ligeramente abiertas, apoya el peso del cuerpo sobre la punta de los pies, y después sobre los talones. Por último apoya la planta completa del pie. Explica cuando lo realizas la sensación de estabilidad e inestabilidad que sientes, y el tiempo que crees que podrías mantener esa posición.

4. Simula una higiene capilar a un cliente, adoptando posiciones correctas de ergonomía o higiene postural. Trabaja también la atención al cliente en los siguientes supuestos:

a) El cliente emplea para desplazarse una silla de ruedas.

b) El cliente mide 1,50 m.

2. TÉCNICAS DE RECEPCIÓN Y ATENCIÓN AL CLIENTE

El cliente ha de sentirse satisfecho con la atención recibida, desde que llega por primera vez al salón hasta que finaliza la relación.

2.1. NORMAS BÁSICAS DE COMUNICACIÓN

La comunicación debe ser efectiva y clara, ya que si no se comprenden bien los deseos del cliente los resultados pueden no ser los esperados. Es importante distinguir entre dos tipos de comunicación: la verbal y la no verbal.

Comunicación verbal

Es la comunicación oral, y debemos asegurarnos que se oye y se entiende bien lo que decimos. Prestaremos atención a:

▶ Volumen: no será ni muy alto ni muy bajo.

▶ Entonación: conviene variar el tono durante las conversaciones para diferenciar distintos contextos, como una sugerencia de una orden.

▶ Dicción, vocalización y acento: emplearemos palabras adecuadas pero comprensibles, vocalizando adecuadamente. Se debe pronunciar y acentuar correctamente, respetando las pausas.

▶ Lenguaje: no se debe utilizar un lenguaje excesivamente técnico, y se deben evitar los vulgarismos, y las palabras o frases de relleno. No se debe hablar ni de política ni de religión.

▶ Velocidad en la pronunciación: si hablamos muy deprisa pueden perderse parte de las palabras, y si hablamos muy despacio pueden olvidar parte del mensaje y aburrirse.

▶ Saber escuchar: el cliente debe sentir que le prestamos atención, lo que aumenta su confianza. Se le debe escuchar activamente captando todos los detalles posibles, y reaccionar convenientemente a lo que ha expresado.

▶ Atención telefónica: en este tipo de atención, la voz es el único contacto que se tiene con el cliente.

- **Al descolgar:** nombra el salón y saluda, después indica quién atiende la llamada, mantén la sonrisa, aunque no la vean, se percibe.

- **Durante la conversación:** escucha atentamente y aporta siempre soluciones a los problemas que puedan surgir.

- **En la despedida:** muéstrate cordial y agradece la llamada, si se ha concertado una cita, repite los datos.

Comunicación no verbal

Es el lenguaje corporal, gestual y visual. Refuerza el mensaje verbal (negar con un dedo), regula una conversación (mirar a la persona para indicarle que queremos su opinión), etc. Es importante saber controlarlo, para no enviar mensajes no deseados o contradictorios a los verbales.

Respecto a los clientes, observándoles podemos percibir su satisfacción, desagrado…

▶ Expresión facial: va cambiando durante la conversación, e indica los verdaderos sentimientos de la persona. La sonrisa es la expresión más importante, no debe parecer forzada, ni ofensiva, sino agradable y natural.

▶ Mirada: establecer contacto ocular con otra persona indica comunicación, y retirar la mirada puede indicar querer evitar el contacto. Puede expresar infinidad de emociones y sentimientos (interés, incredulidad, etc.) Lo correcto sería una mirada directa, pero no insistente ni fija.

▶ Postura corporal y gestos: indican actitudes personales y de relación con los demás. Estar de pie al recibir a alguien indica buena disposición, levantar la barbilla arrogancia… Las manos son un buen complemento de la comunicación verbal, pero no deben distraer al interlocutor.

▶ Distancia: debe ser adecuada a la situación. En el trabajo se emplea la distancia social (entre 120 y 360 cm) si se tiene escasa relación con el cliente, o la distancia personal (entre 45 y 120 cm) entre compañeros, amigos, y clientes de cierta confianza. Lógicamente al prestar un servicio de peluquería, la distancia es menor, pero se debe procurar no invadir el espacio personal del cliente, y no provocarle tensión ni incomodidad.

Pon en práctica

5. Realizad en grupos de dos, una simulación de petición de cita presencial en la que el profesional se comunique incorrectamente, y después otra en la que el profesional lo haga correctamente. Explicad las diferencias.

2.2. PAUTAS DE INFORMACIÓN DE SERVICIOS Y PRODUCTOS

Antes de la realización de un servicio de peluquería, debemos mantener una entrevista con nuestro cliente, y prestar atención a estos aspectos:

▶ **Observación:** sus posiciones, gestos, miradas, y cualquier tipo de señales, nos informan sobre el tipo de cliente y sus preferencias.

▶ **Escucha activa:** se deben escuchar atentamente las propuestas y demandas del cliente.

▶ **Preguntas concretas:** deben ser muy específicas, sobre detalles del trabajo técnico que puedan plantear dudas. Están orientadas a confirmar o modificar las peticiones o necesidades expuestas por el cliente.

▶ **Diálogo:** debe ser una conversación abierta y fluida. Hay que tener en cuenta las preferencias del cliente, su morfología facial, y las características del cabello y cuero cabelludo. Con toda la información recopilada, se recomendará al cliente una propuesta técnica, con la que debe estar de acuerdo.

Las propuestas técnicas pueden hacerse de forma verbal, con palabras que el cliente entienda, o bien ayudándonos de otros materiales como revistas, bocetos, o programas informáticos de cambios de imagen.

▶ **Realización técnica.** Desarrollo del trabajo. El resultado final ha de ser el acordado por el cliente y el profesional.

▶ **Recomendación de productos.** Con honestidad, únicamente los necesarios, y sin exagerar o mentir sobre las cualidades del producto.

2.3. BASES DE DATOS: MODELOS DE FICHA-CLIENTE

Se redactan en un lenguaje claro y preciso, manteniendo la confidencialidad y privacidad de los datos. Debe ser sencilla y rápida de rellenar, pero muy detallada, para conservar datos de cosméticos, procesos, y posibles reacciones adversas.

DATOS PERSONALES		Fecha	Nº Registro
APELLIDOS		NOMBRE	
FECHA DE NACIMIENTO	PROFESIÓN		
DIRECCIÓN		POBLACIÓN	
TEL. MÓVIL	OTRO TELÉFONO	E-MAIL	
Observaciones			

FORMA DEL CRÁNEO
- ☐ Redondeado
- ☐ Alargado
- ☐ Ancho
- ☐ Plano

FORMA DEL ROSTRO
- ☐ Ovalado
- ☐ Alargado
- ☐ Redondo
- ☐ Cuadrado

- ☐ Triangular
- ☐ Triangular invertido
- ☐ Hexagonal

FORMA DEL CUELLO
- ☐ Delgado y corto
- ☐ Delgado y largo
- ☐ Grueso y corto
- ☐ Grueso y largo

CUERO CABELLUDO   ☐ Normal   ☐ Graso   ☐ Seco   ☐ Otros

CABELLO Emulsión
- ☐ Normal (brillante y suave)
- ☐ Seco (áspero y quebradizo)
- ☐ Graso (brillante y untuoso)

CABELLO Grosor (textura)
- ☐ Normal
- ☐ Fino
- ☐ Grueso

CABELLO Longitud
- ☐ Corto (hasta 15 cm)
- ☐ Medio (de 15 a 30 cm)
- ☐ Largo (más de 30 cm)

CABELLO Estado
- ☐ Natural
- ☐ Decolorado
- ☐ Teñido
- ☐ Desrizado
- ☐ Permanentado

CABELLO Porosidad
- ☐ Normal (cabello sano)
- ☐ Alta (cutículas abiertas)
- ☐ Baja (cutículas cerradas)

CABELLO Cantidad (densidad)
- ☐ Escasa (rala)
- ☐ Media
- ☐ Abundante

Observaciones

SERVICIO REALIZADO
- ☐ Secado de mano
- ☐ Marcado con rulos
- ☐ Matrcado con
- ☐ Mechas con
- ☐ Matizado

- ☐ Tinte cabeza entera
- ☐ Tinte retoque
- ☐ Corte
- ☐ Ondulación permenente
- ☐ Desrizado

- ☐ Tratamiento capilar
- ☐ Rasurado
- ☐ Recogido
- ☐ Otro

PRODUCTOS

Champú

Acondicionador

Otros

OBSERVACIONES

2.3. Recepción y acomodación del cliente

Además de emplear las normas básicas de comunicación, como profesionales:

▶ Estaremos atentos a la llegada del cliente, le recibiremos con una sonrisa amable, mirándole, saludándole cortésmente, y empleando su nombre, si es posible.

▶ Le invitaremos a quitarse la ropa de abrigo (si la lleva) u otros objetos personales, y le ayudaremos. Conviene que los bolsos u objetos de valor que pueda llevar, permanezcan siempre en su campo de visión.

▶ Le atenderemos de forma exclusiva, ignorando el resto de tareas en ese momento, y escuchando con calma sus demandas y requerimientos.

▶ Si tiene que esperar, le indicaremos aproximadamente el tiempo y le ofreceremos alguna bebida, o revista.

▶ Se le entrega la bata o capa de protección general del salón, y se le ayuda en la colocación.

▶ Se le acompaña y acomoda en el sillón más apropiado para la técnica a realizar. Se protegen su ropa y accesorios de forma específica si es necesario (capa de plástico, etc.).

2.4. Despedida del cliente

Después de comprobar que los resultados son los esperados, se acompaña al cliente a recoger los objetos o prendas de abrigo que hubiera depositado a la entrada, se le ayuda en su colocación, y se le sugiere la próxima cita. Se le acompaña a la puerta, y se le despide amablemente con una fórmula de cortesía del tipo "que pase un buen día", "hasta pronto", etc.

Pon en práctica

6. Realizad por parejas, un supuesto práctico donde escenifiquéis de forma correcta la recepción, acomodación, y despedida de un cliente.

Recuerda

▶ El cliente es el factor más importante del trabajo de un salón de peluquería.

▶ En nuestra profesión al tener contacto directo con el público, son imprescindibles determinadas normas de conducta o actitudes profesionales.

▶ La higiene e imagen del profesional, son su carta de presentación ante el cliente, y debe cuidarse con detalle.

▶ Las enfermedades más frecuentes entre los profesionales de la peluquería son: la dermatitis o eccema de contacto, la espongiosis de la piel, el enquistamiento pilífero, y cada vez con más frecuencia el síndrome del túnel carpiano.

▶ Las enfermedades y accidentes que afectan a los profesionales de la peluquería, pueden prevenirse empleando determinadas medidas y equipos de protección.

▶ En la atención al cliente, se utilizan técnicas de comunicación verbal y no verbal.

▶ La ficha-cliente o ficha técnica es el sistema de control y seguimiento de los procesos o tratamientos realizados.

Actividades

1 Realiza un esquema de las normas de conducta más importantes en un salón de peluquería, ampliándolo con otras que tú consideres.

2 Imagina que un compañero se ha cortado con una tijera. Explica detalladamente como actuarías.

3 Nombra todos los utensilios desechables que conozcas relacionados con la peluquería, e indica cual te parecen más importantes, y por qué motivo.

4 Dibuja y explica en un póster las posturas ergonómicas correctas e incorrectas, en los procesos de higiene capilar.

5 Busca en Internet, revistas y folletos, tres lavacabezas con sillón de lavado, que sean regulables y adaptables, y explica cómo se adaptan a los diferentes clientes.

6 Realiza un cuadro resumen sobre las enfermedades que afectan a los profesionales de la peluquería, indicando como se producen, y como se pueden prevenir.

7 Razona qué otros profesionales crees que podrían padecer eczema o dermatitis de contacto, y síndrome del túnel carpiano.

8 Explica qué materiales o productos aislantes debes utilizar en los procesos de higiene capilar.

9 Nombra y explica las pautas de información de servicios, y productos de peluquería.

10 Responde verdadero o falso a las siguientes cuestiones.

a) Los bolsos de los clientes es conveniente guardarlos en un armario.

b) Al terminar, debemos indicar al cliente la salida y dejar que salga solo.

c) Si estamos ocupados cuando llega un cliente, le atenderemos cuando terminemos.

d) Se debe recibir siempre al cliente con una sonrisa amable y mirándole.

e) Si vamos a tardar en atenderle, no se lo decimos para que no se impaciente.

3 TEMA
Higiene y limpieza: técnicas y mecanismos de saneamiento

“ La higiene y la longevidad han crecido de la mano. Y actualmente la higiene tiene un significado orientado hacia la salud, pero también hacia la profesionalidad.

Abc

Higiene: ausencia de suciedad y contaminantes, y todas aquellas acciones que favorecen la salud, o previenen las enfermedades causadas por factores externos.

1. HIGIENE Y LIMPIEZA EN LAS PELUQUERÍAS

Al tener con el cliente un contacto muy cercano y directo, debemos mantener el local limpio, renovar la lencería con cada cliente, utilizar materiales desechables, y métodos de saneamiento apropiados para los útiles, las instalaciones y el mobiliario.

Es importante la asepsia, que es la ausencia de toda clase de microorganismos patógenos que pueden causar infección o contaminación.

En los salones de peluquería trabajar de forma aséptica implica que no existen riesgos de contaminarse con alguna sustancia o de contraer infecciones.

Una de las formas de conseguir la asepsia es utilizando métodos de antisepsia.

1.1 MICROORGANISMOS Y PARÁSITOS

Los contaminantes biológicos presentes en el ambiente de una peluquería pueden ser:

▶ Microorganismos. Bacterias, virus, hongos, etc. que se reproducen alimentándose del medio en el que viven, y expulsando residuos. La mayoría son perjudiciales, y en algunos casos mortales por las infecciones que provocan. Los factores principales para el desarrollo de microorganismos son:

- **Temperatura.** Por debajo de 0° C se detiene el desarrollo, y a partir de 100° C se destruyen las esporas.
- **Agua.** La humedad del ambiente favorece la aparición y desarrollo de hongos o mohos.
- **Acidez.** Pueden destruirse, o desarrollarse según el medio sea ácido o básico.

▶ Parásitos. Seres vivos que se alimentan de otros seres vivos, como los piojos, pulgas, garrapatas, lombrices, etc, causando daños. Provocan infestaciones y enfermedades.

Tipos de microorganismos

Los principales tipos de microorganismos que existen son:

Bacteria	Hongo	Virus
Célula sin núcleo. Se reproducen rápidamente. Las bacterias patógenas causan enfermedades como el acné, el impétigo o la meningitis.	Son microorganismos constituidos por células eucariotas (con núcleo). Algunos son parásitos y provocan enfermedades (micosis) como algunos tipos de caspa o las tiñas.	No son células, ni tienen vida independiente. Se desarrollan en el interior de células vivas. Se transmiten por vía respiratoria, oral, picaduras de insectos, etc. El sida, la hepatitis y la gripe, son ocasionados por virus.

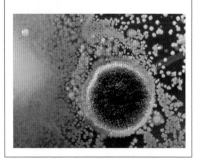

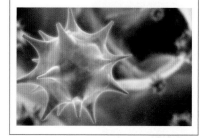

1.2. PREVENCIÓN DE LA SUCIEDAD

La prevención es la medida más importante para evitar la contaminación. Debe cuidarse la limpieza, limpiando y recogiendo después de cada servicio, y guardando el material en zonas libres de contaminantes.

Limpiamos con aspirador o cepillos que no levanten el polvo, ventilaremos regularmente, y evitamos rincones que facilitan la acumulación de materia orgánica.

1.3. MÉTODOS DE LIMPIEZA

La tabla muestra los principales métodos de limpieza:

MÉTODO	FORMA DE ACTUACIÓN
Arrastre	▶ Se elimina la suciedad con ayuda de una bayeta, esponja o cepillo, impregnada en un producto limpiador.
Fricción	▶ Se desprende la suciedad mediante el raspado, y luego se eliminan los restos de suciedad por arrastre con una bayeta, esponja o cepillo.
Inmersión	▶ Se sumerge el objeto, y se remueve para facilitar el contacto en todas las zonas. El tiempo dependerá del producto utilizado.
Loción o impregnación	▶ Se humedece la fregona, bayeta, esponja o cepillo con la solución limpiadora, y se pasa frotando por la zona a limpiar.
Pulverización	▶ Se ablanda la suciedad proyectando un producto limpiador con un vaporizador manual en forma de pequeñas gotas, y luego se elimina la suciedad por arrastre con una bayeta, esponja o cepillo.
Disolución	▶ Se elimina o dispersa la suciedad mediante la aplicación de un producto disolvente (generalmente líquido, como el amoniaco, o la acetona), y se arrastran los restos que puedan quedar.
Adsorción	▶ Se aplica un sólido poroso (generalmente en forma de granulado o polvo, como el talco), que atrae la suciedad líquida reteniéndola en su superficie, después se retira, y se eliminan los posibles restos.
Detersión	▶ Se emplean productos tensioactivos, que desprenden la suciedad de la superficie a limpiar con más o menos espuma, y la ablandan dispersándola o disolviéndola para después arrastrarla con agua.
Vaporización	▶ Se utilizan máquinas que alcanzan los 200° C, y proyectan vapor a presión alta, que tiene gran capacidad de penetración en las superficies difíciles de limpiar con otros métodos, o zonas de difícil acceso y gran extensión como paredes y suelos.
Aspiración	▶ Se emplean aparatos de diferente potencia, que atraen hacia su interior o depósito, suciedad sólida como el polvo, y según el aparato también líquidos. No levantan el polvo y son más higiénicos que las escobas o cepillos para los suelos y superficies.

Pon en práctica

1. ¿En qué condiciones higiénicas os gusta encontrar la peluquería a la que vais?

2. Qué entiendes por suciedad?, ¿y por limpieza y desinfección? Busca las definiciones en el diccionario.

Amoníaco

Se utiliza diuido en agua a una concentración del 10% para la inmersión de objetos o limpieza de superficies. Debe manipularse en lugares ventilados y utilizar mascarilla.

El amoniaco no se debe mezclar con lejía, porque reacciona produciendo gas tóxico.

2. PRODUCTOS PARA LA LIMPIEZA Y LA HIGIENE

Los **disolventes** se usan para diluir otras sustancias. Los más comunes son agua, alcohol, acetona, los formulados a base de cloro, etc.

Los **cáusticos** se emplean para destruir o corroer los restos orgánicos; suelen ser sustancias de pH extremo. Los más utilizados son amoniaco, agua oxigenada, lejía, etc.

Los **detergentes** son productos que se utilizan para disolver y eliminar la suciedad gracias a la presencia de tensioactivos en su formulación.

2.1. LOS TENSIOACTIVOS

Sustancias sintéticas, que consiguen remover la suciedad. Están formadas por una parte que tiene atracción por la grasa, parte lipófila, y por otra que tiene afinidad por el agua, parte hidrófila.

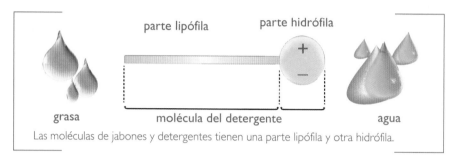

Las moléculas de jabones y detergentes tienen una parte lipófila y otra hidrófila.

▶ Detergente. Debilitan la unión entre la suciedad y la superficie a la que está adherida.

Las principales propiedades de los tensioactivos son:

▶ Humectante. Aumenta la zona de contacto entre el agua y la suciedad, al disminuir la tensión superficial del agua.

▶ Espumante. Capacidad de formar espuma.

▶ Emulsionante o emulgente. Consigue que se mezclen la grasa y el agua. El tensioactivo, al tener afinidad por el agua y la grasa, favorece así el lavado y el arrastre de la suciedad con el aclarado.

TIPOS DE TENSIOACTIVOS		
TENSIOACTIVOS	**VENTAJAS**	**INCOVENIENTES**
Aniónicos (con carga -)	▶ Buen poder detergente y espumante. ▶ Económicos.	▶ Suelen ser irritantes.
Catiónicos (con carga +)	▶ Aceptable poder detergente. ▶ Poco irritantes. ▶ Bactericidas.	▶ Poco espumantes. ▶ Caros.
No iónicos (sin carga)	▶ No irritantes. ▶ Sobreengrasantes.	▶ Escasa detergencia. ▶ Poco espumantes.
Anfóteros (carga + ó – según pH)	▶ Aceptables detergentes y espumantes. ▶ Poco irritantes.	▶ Caros.

Productos detergentes

En los productos de limpieza y en los champús, lo habitual es combinar en los productos varios tipos de tensioactivos, para beneficiarse de las propiedades que presentan, y contrarrestar los inconvenientes.

2.2. MECANISMOS DE LIMPIEZA POR DETERSIÓN

Fase de lavado

El tensioactivo se une a la suciedad por la parte lipófila, formando espuma y quedándose suspendido en el agua en forma de emulsión.

Fase de aclarado

El tensioactivo es arrastrado por el agua junto con la grasa y la suciedad.

Algunos factores externos influyen en el mecanismo de detergencia, como el aumento de la temperatura del agua, que hace más líquida la grasa; la frotación, que ayuda a la formación de espuma y a la disolución de la grasa; y el abundante aclarado, que actúa arrastrando la suciedad y restos de producto.

Pon en práctica

3. Desarrolla un ejemplo práctico de un salón de peluquería, indicando qué métodos de limpieza utilizarías para la limpieza diaria, semanal y mensual.

4. Busca la composición de los productos de limpieza que hay en tu casa y en el aula taller. Indica si se tratan de disolventes caústicos o detergentes.

La fotocopia no autorizada es un delito castigado por la ley. Art. 270 Código Penal

Higiene

Después de la desinsectación y desratización, hay que limpiar bien las superficies que pudieran haber estado en contacto con los animales y con los productos químicos.

3. TÉCNICAS DE SANEAMIENTO

El saneamiento son las operaciones que se realizan para destruir los organismos causantes de enfermedades infecciosas y contagiosas.

Las técnicas de saneamiento son: desinfección desinsectación y desratización (DDD).

▶ **Desinfección:** destrucción de los microorganismos patógenos, para evitar el desarrollo y la transmisión de enfermedades contagiosas, eliminando las formas activas capaces de reproducirse y proliferar.

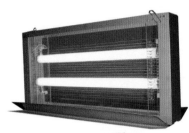

▶ **Desinsectación:** métodos que se utilizan para destruir y eliminar los insectos y parásitos como moscas, mosquitos, pulgas, arañas, chinches, etc., y prevenir así las enfermedades que transmiten (paludismo, tifus, etc.).

- **Métodos físicos:** trampas, rejillas, mosquiteras, etc. que los retienen en su interior o previenen su entrada.

- **Métodos químicos:** aerosoles e insecticidas residuales (geles, cebo). En casos de infestación hay que fumigar el local.

▶ **Desratización:** eliminación y control de roedores como ratones o ratas que transmiten enfermedades como la peste, a través de mordeduras, respirando aire en contacto con excrementos infectados, etc.

3.1. MÉTODOS DE DESINFECCIÓN Y ESTERILIZACIÓN

Abc

Esterilización: destrucción de todos los microorganismos evitando cualquier tipo de contagio.

Físicos
Destruyen los microorganismos mediante calor seco, calor húmedo, radiaciones, etc., empleando aparatos como el autoclave, el esterilizador de perlinas de cuarzo, el germicida, etc.

Químicos
Emplean sustancias desinfectantes y antisépticas como los compuestos clorados (lejía), el agua oxigenada, el alcohol de 70° y 96°, los derivados del yodo, los compuestos catiónicos, etc.

Productos para la desinfección peluquerías

Los desinfectantes son productos químicos que eliminan las formas activas de los microorganismos patógenos depositados sobre los objetos y superficies en 10 o 15 minutos, sin alterar los materiales.

Seguiremos las instrucciones del fabricante, estarán correctamente etiquetados, y los guardaremos en lugares frescos, secos y protegidos.

Deben utilizarse con guantes porque son irritantes y tóxicos y pueden causar lesiones en la piel.

Lejía

Se utiliza lejía doméstica al 10%. Desinfecta por inmersión durante unos 10 minutos. Se utiliza también mediante loción para suelos y superficies. Su uso continuado daña los metales, superficies y tejidos.

Alcohol de 70°

Desinfecta por inmersión durante unos 10 minutos. Puede utilizarse impregnado para arrastrar la suciedad, pero así el nivel de desinfección es bajo.

70%
Isopropyl Alcohol

Glutaraldehído

Se utiliza por inmersión en solución al 2%; mexcla que dura 12-14 días. Está indicado para el acero, el plástico, el cristal, etc. Se necesitan al menos 30 minutos para desinfectar y más de 10 horas para esterilizar.

Derivados catiónicos

Derivan del amonio cuaternario, son tensioactivos. Se utilizan los autorizados por las administraciones sanitarias, capaces de eliminar a más del 95% de los gérmenes.

El glutaraldehído se usará en lugares bien ventilados, con gafas protectoras y mascarilla adecuada. os recipientes que lo contengan permanecerán tapados.

Las técnicas que empleamos con estos productos son: inmersión, loción, pulverización, vaporización y fumigación.

Pon en práctica

5. Hablad en clase sobre los métodos DDD, ¿créeis que todas las técnicas se deben desarrollar con la misma frecuencia?

▸ Buscad información sobre ello y comprobad si vuestras deducciones eran ciertas o falsas.

6. ¿Qué método de desinfección y esterilización –físico o químico– os parece más apropiado? ¿Por qué?

7. Indica de manera razonada en qué útiles y materiales emplearías los siguientes desinfectantes:

a) Lejía.   b) Alcohol de 70°. c) Derivados catiónicos.

8. ¿Qué precauciones debes tomar a la hora de manipular los productos desinfectantes?

Aparatos para la desinfección y esterilización de los materiales

Antes de esterilizar los objetos, hay que lavarlos para eliminar cualquier resto de suciedad, y secarlos cuidadosamente.

Autoclave

Esteriliza por calor húmedo, mediante vapor de agua a presión alta y elevada temperatura. Se utiliza para útiles metálicos, y para objetos que resistan bien las altas. Se trabaja generalmente a 121 °C, durante 15-20 minutos.

Esterilizador de perlinas de cuarzo

Esteriliza por calor seco; únicamente actúa en la zona de contacto, y se utiliza principalmente para objetos metálicos. Una vez alcanzada la temperatura se introduce la punta a, y se deja 15-20 segundos o 3-5 minutos dependiendo del aparato.

Germicida

Desinfecta mediante radiación ultravioleta. Sólo actúa en la zona de exposición, y tiene poca capacidad de penetración. Se utiliza para mantener la asepsia de cepillos, peines, tijeras…El tiempo de exposición es de 3-5 minutos para cada lado.

Horno Pasteur

Consigue la esterilización por calor seco y aire caliente. Los materiales a esterilizar han de resistir muy altas temperaturas, como algunos tipos de vidrio y porcelanas o el acero. Esteriliza a 180° C en 30 minutos, a 160° C en 2 horas, y a 140°C en 3 horas.

Concentraciones

Las disoluciones dependiendo de su concentración pueden ser: diluidas, concentradas, saturadas y sobresaturadas, según va aumentando la cantidad de soluto.

4. PREPARACIÓN DE DISOLUCIONES

Disolución: mezcla homogénea de dos o más sustancias, y la concentración es la cantidad de producto específico, el soluto, que se disuelve en otra sustancia más abundante que actúa como disolvente. La concentración de una disolución puede expresarse en:

$$\text{Gramos por litro} \quad g/l = \frac{\text{gramos de soluto}}{\text{vol de disolución}}$$

$$\text{Porcentaje} \quad \% = \frac{\text{mililitros de soluto}}{\text{mililitros de disolución}} \times 100$$

Si queremos, por ejemplo, preparar **4** litros de lejía al **10%**. La cantidad de lejía doméstica que vamos a necesitar será **x:**

$$10 = \frac{x}{4} \times 100$$

$$x = \frac{(4 \times 10)}{100}$$

$$x = \quad 0,4 \text{ litros de lejía} \quad = 400 \text{ ml}$$

Por tanto, la cantidad de agua a utilizar será **4 − 0,4 = 3,6 litros de agua = 3.600 ml**

En el caso del agua oxigenada, empleada en procesos capilares como los cambios de color, se utilizan más las unidades en volúmenes.

4.1. DISOLUCIONES DE AGUA OXIGENADA

En el caso del agua oxigenada, empleada por ejemplo en los cambios de color, es más frecuente emplear volúmenes. Los volúmenes indican la cantidad de oxígeno que se desprende cuando se descompone.

Si tenemos agua oxigenada de 10 volúmenes, quiere decir que un litro de agua oxigenada desprende 10 litros de oxigeno al descomponerse; si es de 20 volúmenes, desprende 20 litros de oxigeno, y así sucesivamente.

Cuando necesitamos H_2O_2 a una determinada concentración y no tenemos, podemos rebajar H_2O_2 de más volúmenes, para obtener la concentración deseada, utilizaremos la fórmula:

$$\text{Volumen o cantidad}_{inicial} = \frac{\text{Volumen o cantidad}_{final} \times \text{Concentración}_{final}}{\text{Concentración}_{inicial}}$$

La cantidad resultante es el volumen en mililitros o cm^3 de H_2O_2 que debemos poner en la probeta, se denomina volumen inicial porque es la cantidad de la cual partimos para preparar la disolución.

A continuación, rellenamos con agua fría, completando hasta la cantidad o el volumen final que necesitamos, que estará la concentración final deseada.

Necesito 75 ml de H_2O_2 de 10 volúmenes y tengo H_2O_2 de 40 volúmenes ¿Cómo lo preparo la disolución?

Tengo una $C_{inicial}$ = 40 vol

Quiero una cantidad V_{final} = 75 ml y quiero una C_{final} = 10 vol

Utilizaré un volumen de partida $V_{inicial}$ = 75 ml x 10 vol / 40 vol = 750/40 = 18,75 ml

Pondremos 18,75 ml de H_2O_2 de 40 volúmenes en la probeta y rellenaremos hasta los 75 ml que necesito con agua destilada o del grifo.

Pon en práctica

9. Realiza un esquema con dibujos o fotografías de los diferentes útiles y objetos de uso diario en un salón de peluquería, y explica que métodos y aparatos utilizarías para su desinfección y esterilización.

10. Calcula la cantidad de lejía que necesitas para preparar 5 litros del lejía al 5%.

11. ¿Cómo prepararías una disolución de agua oxigenada de 15 volúmenes, a partir de la que tenemos de 10 volúmenes?

¿Cómo preparo una disolución?

▶ Debe disponerse de recipientes independientes para cada componente, y otro para la mezcla final.

▶ Se calcularán con la fórmula necesaria las cantidades necesarias de cada componente.

▶ Se medirán las cantidades (con una probeta o medidor adecuado) de forma individual, es decir cada componente por separado. Si el soluto estuviera en estado sólido debe pesarse con una balanza específica.

▶ Se mezclarán en un recipiente específico para ello, que tengan capacidad suficiente para la mezcla completa.

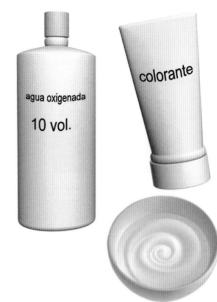

▶ Se depositará primero aproximadamente la mitad del disolvente en el recipiente de la mezcla, y se incorporará el soluto removiéndolo suavemente (excepto cuando el fabricante o el producto lo desaconseje), de forma que no salpique o manche.

▶ Cuando ya esté disuelto, se le añade el resto del disolvente, y se termina de mezclar.

▶ Si fuera una sustancia de difícil disolución se disolvería el soluto en una pequeña cantidad de disolvente, y posteriormente esta disolución se incorporaría al resto del disolvente.

Recuerda

▶ La peluquería requiere un contacto muy cercano y directo con el cliente, por lo que se han de extremar las medidas de precaución para evitar contagios y contaminaciones.

▶ Los contaminantes que podemos encontrarnos son muy diversos, y según su naturaleza pueden ser sustancias químicas, agentes biológicos o contaminantes físicos. Según su tamaño se clasifican en microscópicos y macroscópicos.

▶ Los microorganismos provocan infecciones, y los parásitos provocan infestaciones.

▶ Los tipos de microorganismos que encontramos generalmente en los salones de peluquería son los hongos, los virus, y las bacterias.

▶ El método de limpieza debe seleccionarse en función de las características del material a limpiar.

▶ La técnica más habitual de saneamiento, son los tratamientos DDD, que incluyen desinfección, desinsectación y desratización.

▶ Para la desinfección y esterilización de los utensilios y materiales, en los salones de peluquería los aparatos más utilizados son: autoclave, esterilizador de perlinas de cuarzo, y el germicida de UV.

▶ En la preparación de las disoluciones utilizadas en peluquería, intervienen el soluto que es el principio activo, y el disolvente, que es la sustancia que está en mayor proporción.

Actividades

1 Explica las medidas de prevención de la suciedad y contaminantes que utilizarías en un salón de peluquería.

2 Explica los conceptos de asepsia y antisepsia, y relaciónalos.

3 Realiza un esquema de los métodos de limpieza tanto manuales como mecánicos que pueden utilizarse en un salón de peluquería.

4 Realiza un esquema de los productos que se utilizan para la desinfección en los salones de peluquería, indicando como se utilizan.

5 Explica la diferencia entre desinfección y esterilización.

6 Calcula la cantidad de agua y de glutaraldehido que necesitas, para preparar 3.5 litros de disolución de glutaraldehido al 2%.

7 Calcula la cantidad de lejía que debes emplear, para preparar una disolución de 5,4 litros de lejía al 10%.

8 Explica que son los detergentes y los tensioactivos, y dibuja una secuencia de limpieza por detersión.

9 Explica de forma ordenada la secuencia de preparación de una disolución.

10 Busca las definiciones de infección e infestación, explica a continuación cuáles la diferencia entre ambas.

4

TEMA

Infecciones y parásitos en peluquería

" Las sensaciones agradables
nos proporcionan un estado emocional
de bienestar que nos pedirá estar más
en ese lugar porque nos hace bien.
Es por ello que olores, colores y demás son
tan cuidados en este ámbito profesional.

Abc

Infección: entrada y desarrollo de un microorganismo patógeno en nuestro cuerpo. Puede manifestar síntomas de enfermedad o no, y ser local o afectar a todo el organismo.

Infestación: proliferación de parásitos en un lugar o sobre una persona en la que viven, mutándose y protegiéndose a su costa.

1. LAS ENFERMEDADES INFECCIOSAS

Las enfermedades infecciosas las producen seres vivos como los microorganismos, parásitos, etc., o priones (no son seres vivos), que se introducen en el organismo, y lo alteran.

Se desarrollan en las siguientes fases:

▶ Incubación. Tiempo comprendido desde la contaminación, hasta que se multiplica, extiende, y aparecen los primeros síntomas.

▶ Desarrollo. Se manifiestan los síntomas de la infección.

▶ Declive y convalecencia. Desciende el desarrollo, el organismo vence a la enfermedad y se recupera.

Mecanismos de transmisión

Las enfermedades infecciosas se pueden transmitir directa e indirectamente.

Transmisión directa	Transmisión indirecta
▶ Se dan por contacto directo como el tacto, o a través de besos, relaciones sexuales, estornudos, proyección de saliva al toser o estornudar, mordeduras, etc.	▶ Interviene un eslabón intermedio que transmite la contaminación, puede ser el aire, agua, picadura de insectos, alimentos, u otros objetos (útiles, jeringuillas, etc.) o superficies que hayan estado en contacto con el contaminante.

La transmisión se produce por alguna de estas vías:

▶ Piel, mucosas y secreciones corporales. Se contagia al tocar algún objeto, o superficie que haya tocado la persona infectada, o por tocar a una persona infectada sin protección.

▶ Sangre. Si hay heridas con sangrado, y la sangre entra en contacto con el objeto, superficie o tejido contaminado.

▶ Aire. Ciertos gérmenes pueden quedarse en el aire al proyectar saliva con la tos, al hablar, etc. y otra persona infectarse al respirar.

▶ Agua y alimentos. Pueden haber sido contaminados, y transmitir la infección al ingerirse.

▶ Animales. Pueden estar enfermos y transmitir la enfermedad, o bien contagiarla sin padecerla. Puede ser a través de arañazos, mordeduras, o bien por haber contaminado con excrementos zonas que entran en contacto con humanos.

2. INFECCIONES TRANSMISIBLES EN LOS SERVICIOS DE PELUQUERÍA

Dado que el contacto con el cliente es directo, y en los procesos se entra en relación con innumerables útiles, objetos, tejidos y superficies, la peluquería puede ser una fuente de infección, si no hay buena higiene.

2.1. INFECCIONES PRODUCIDAS POR BACTERIAS

Se producen al quedarse la piel desprotegida por cualquier alteración o lesión, lo que permite que penetren en ella, dando lugar a la infección.

Foliculitis

Inflamación del folículo piloso, con aparición de granos. Aparece cuando la piel pierde su integridad debido a la fricción con la ropa, afeitado, etc.

Forúnculos

Aparece en los folículos pilosos, tiene aspecto de bulto inflamado de color rosáceo, con su interior sólido, que se vuelve líquido, y aparece pus.

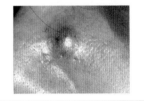

Impétigo

Ampollas o pústulas, que se rompen y dejan costras. Se contagia por la supuración de las pústulas.

2.2. INFECCIONES PRODUCIDAS POR HONGOS

Denominadas micosis o enfermedades fúngicas. En las peluquerías nos interesan las que afectan al cuero cabelludo, pelo, pies y uñas. Reciben el nombre de tiñas y son una infección por hongos de la capa más superficial de la piel, uñas o pelo, que se alimentan con queratina. Se producen por contacto directo con una persona o animal infectado, o por contacto con materiales contaminados a partir de sujetos infectados.

Tiña de las uñas

La uña se deforma, engrosa, y adquiere un color amarillento con zonas blanquecinas. Puede aparecer por contacto prolongado con humedad, o por utilizar útiles infectados.

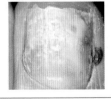

Tiña de los pies

Aparecen ampollas entre los dedos, erupciones, picor, y descamación blanquecina, por exceso de humedad, caminar descalzo en piscinas, gimnasios o por usar material contaminado.

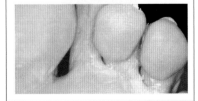

Tiña del cuero cabelludo

Erupciones rojas con descamación, picor y pérdida de cabello. Puede transmitirse por el uso de cepillos, peines u otros útiles, o por contacto directo.

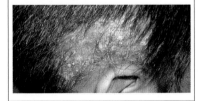

Pon en práctica

1. Nombra cinco objetos o útiles utilizados en los salones de peluquería, que puedan transmitir enfermedades infecciosas.

2.2. INFECCIONES PRODUCIDAS POR VIRUS

Aparecen con mayor frecuencia en organismos debilitados. En los salones de peluquería las más frecuentes son:

Herpes simple

También conocido como herpes labial o "calentura". Son pequeñas vesículas elevadas y agrupadas en racimo, de coloración rojiza, con sensación de calor y picor. Se contagia entre personas a través del líquido de las vesículas.

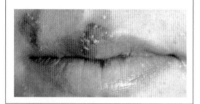

Herpes zóster

Está producido por la reactivación del virus de la varicela, y consiste en pequeñas manchas rojas dolorosas, con picor y hormigueo, agrupadas en forma de cinturón o «culebrilla» que se convierten en vesículas y ampollas en pocos días. Se contagian por contacto directo entre personas en la fase de ampollas.

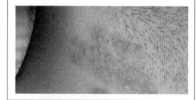

Verrugas

Causadas por el virus del papiloma, son tumores benignos de la piel, endurecidos y a veces elevados. El color puede variar, pero en general son marrones. Pueden contagiarse a otras partes del cuerpo y a otras personas por contacto directo o a través de suelo, duchas, toallas, etc.

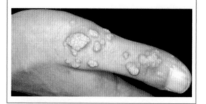

Hepatitis y SIDA

El principal riesgo de contagio en peluquería se da en los procesos de corte del cabello y rasurado de la barba.

Hepatitis vírica

Es una enfermedad del hígado que puede llegar a ser mortal. Se contagia a través de alimentos contaminados mal lavados, por contacto directo (relaciones sexuales), o a través de la sangre de personas infectadas (cortes, arañazos, etc.).

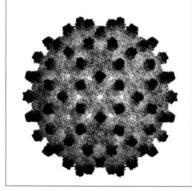

SIDA

El virus ataca al sistema inmunitario, debilitándolo y facilitando la aparición de otras infecciones añadidas. Es muy grave y contagioso, y se transmite a través de fluidos corporales como sangre, semen, secreciones vaginales, leche materna, etc.

Día Mundial del SIDA

Pon en práctica

2. Realiza un póster donde especifiques las enfermedades bacterianas, fúngicas, y víricas que con mayor frecuencia nos encontramos en los salones de peluquería, y documéntalo con fotografías.

3. Busca en Internet o enciclopedias, enfermedades infecciosas producidas por bacterias, hongos y virus que podamos encontrarnos en un salón de peluquería, y amplía tus conocimientos sobre el tema.

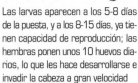

3. PARÁSITOS EN PELUQUERÍA: PIOJOS Y PEDICULOSIS

Los parásitos más frecuentes son algunas pulgas, piojos, chinches, etc. Viven en la superficie del organismo que parasitan, chupando su sangre a la vez que inyectan su saliva o depositan sus heces. Este contacto con la piel y el intercambio de sangre con saliva o excrementos, les hace ser transmisores de infecciones.

▶ Piojos. Parasitan al hombre varios tipos, pero en los salones de peluquería los más frecuentes son los **piojos de la cabeza**. Son insectos de forma aplanada, sin alas, que se adhieren al cabello con garras similares a un gancho que poseen en el extremo de las patas. Suelen alojarse en el cuero cabelludo, detrás de las orejas, y en el cuello, en la zona de la nuca.

Sus huevos o liendres son ovaladas y blanquecinas, y se adhieren al cabello con una sustancia muy resistente, insoluble al agua, lo que hace difícil su eliminación con el lavado, es posible arrastrándolos con lendreras. Son muy contagiosos de persona a persona, a través de peines, toallas, gorros, etc.

▶ Pediculosis: infestación por piojos. Sus principales síntomas son:

• Ligero cosquilleo y sensación de que algo se mueve en el cabello.

• Picor como consecuencia de la picadura.

• Sensación de irritabilidad, y ansiedad por el picor.

• Lesiones del rascado, pudiendo llegar a infectarse.

▶ Tratamiento: es importante eliminar totalmente tanto los piojos como las liendres, ya que de lo contrario volverían a reproducirse rápidamente.

Vida del piojo

Las larvas aparecen a los 5-8 días de la puesta, y a los 8-15 días, ya tienen capacidad de reproducción; las hembras ponen unos 10 huevos diarios, lo que les hace desarrollarse e invadir la cabeza a gran velocidad

1. Utilización de loción o champú pediculicida. Según la composición, el fabricante indicará las formas de utilización y los tiempos de exposición.

2. Eliminación mecánica de forma manual o con lendreras de los piojos y liendres. Puede utilizarse un bálsamo capilar específico para facilitar su desprendimiento.

3. Repetir a los 7-10 días, para evitar que las liendres que pudieran haber quedado, den lugar a piojos que alcancen la edad adulta.

Receta casera

Tradicionalmente se ha utilizado el vinagre para la pediculosis, mezclando una parte de vinagre con dos de agua: se impregna el cabello después del lavado y aclarado, y se deja de 30-60 minutos aislándolo con un gorro de ducha, tras el que se aclara y se pasa la lendrera.

Pon en práctica

4. Explica el ciclo de vida de los piojos y liendres, y justifica el porqué de la repetición de su tratamiento a los 7-10 días.

3.1. PROTOCOLO DE HIGIENE DE MATERIALES Y ÚTILES FRENTE A PIOJOS

▶ Los útiles, materiales y lencería contaminados se aislan hasta su saneamiento en bolsas de plástico cerradas.

▶ La descontaminación se hace preferentemente en lugares controlados y aislados para evitar la dispersión ya que los piojos pueden vivir de 24-48 horas fuera de la cabeza.

▶ Los útiles y materiales se sumergen 10-15 minutos en solución pediculicida, removiéndolo para su desprendimiento, tras lo cual se procederá a su saneamiento habitual.

▶ Los tejidos se lavan con agua caliente a más de 60° C (las liendres mueren a partir de 50° C). Es aconsejable su secado con secadora y posterior planchado como medidas de refuerzo.

Recuerda

▸ Las enfermedades infecciosas pueden ser transmisibles si son contagiosas.

▸ La transmisión de las enfermedades infecciosas puede ser directa, si pasa directamente de persona a persona, o indirecta, si intervienen objetos o eslabones intermedios como el aire, agua, animales, alimentos, etc.

▸ La prevención de la transmisión de enfermedades infecciosas puede hacerse utilizando material desechable, y cuidando al máximo las medidas de higiene y saneamiento.

▸ Las enfermedades e infecciones producidas por bacterias que con mayor frecuencia encontramos en los salones de peluquería son: foliculitis, forúnculos, impétigo y acné.

▸ Las enfermedades infecciosas producidas por hongos que con mayor frecuencia encontramos en los salones de peluquería son las tiñas.

▸ Las enfermedades infecciosas producidas por virus que con mayor frecuencia encontramos en los salones de peluquería son: herpes, verrugas, hepatitis, y SIDA.

▸ Los piojos son parásitos del hombre que viven sobre la superficie de la piel y cabello, al extraer la sangre que les sirve como alimento, depositan sus heces, que es la que produce la irritación y el picor, y puede transmitir infecciones.

▸ La medida más importante para el tratamiento de los piojos, es la prevención mediante medidas de protección y saneamiento adecuadas, ya que son muy contagiosos, y resultan difíciles de eliminar.

Actividades

1 Nombra y explica las fases de una enfermedad infecciosa.

2 Explica mediante dibujos o recortes de revistas, publicidad o periódicos, los mecanismos de transmisión directa e indirecta.

3 Explica las vías de transmisión de las enfermedades infecciosas.

4 Indica en el siguiente cuadro el tipo de microorganismos que producen las siguientes enfermedades:

	Tiña de las uñas
Bacterias	Verrugas
	Impétigo
	Hepatitis vírica
Hongos	Sida
	Tiña del cuero cabelludo
	Herpes simple
	Foliculitis
Virus	Acné
	Forúnculos

5 Busca en Internet, enciclopedias, etc. información adicional sobre otros parásitos que puedan encontrarse en los salones de peluquería, como moscas, mosquitos, pulgas, chinches, etc. y explica sus formas de eliminación.

6 Explica de forma ordenada como se realiza el tratamiento para los piojos.

7 Realiza una ficha con el protocolo de higiene de los materiales utilizados en infestaciones por parásitos, y sugiere otras medidas que utilizarías pero que no estén nombradas.

8 Busca en farmacias, publicidad e Internet algunos d elos productos que se utilizan actualmente contra los piojos. Compara su forma de aplicación.

5 TEMA El cabello

" Detrás de cada deseo hay
una necesidad. Los deseos son la forma
de leer las necesidades. De hecho
los clientes van a expresar
lo que quieren o desean, no la necesidad.

La piel

Es el órgano más extenso del cuerpo humano, ya que ocupa aproximadamente 2 m², y tiene un peso aproximado de 5 kg Según la zona, tiene diferente grosor, la más delgada son los párpados con aproximadamente 0,5 mm, y la zona más gruesa son las plantas de los pies con unos 4 mm de espesor.

1. LA PIEL

La piel es un conjunto de tejidos en continua actividad celular, con variadas funciones. Presenta además estructuras córneas como pelo y uñas, que se denominan anexos cutáneos.

¿Qué estructura tiene?

Está formada por tres capas: epidermis, dermis e hipodermis.

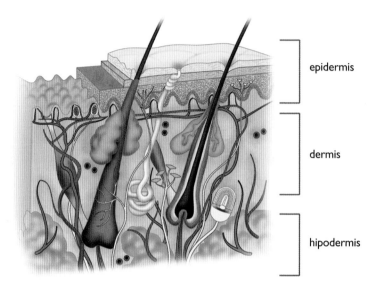

epidermis

dermis

hipodermis

Epidermis

Es la capa más externa y delgada de la piel, formada por tejido epitelial. Protege a todo el cuerpo y en ella encontramos dos tipos de células, los queratinocitos y los melanocitos.

Los **melanocitos** son células que producen la melanina, pigmento que nos protege del sol y que determina el color de nuestra piel y del pelo.

Los **queratinocitos** son células que producen la queratina, sustancia muy rica en azufre. Se encuentra también presente en pelo y uñas. Según el grado de maduración, desde que nacen hasta que mueren y se descaman, se diferencian cinco capas o estratos.

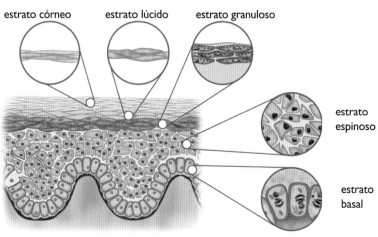

estrato córneo   estrato lúcido   estrato granuloso

estrato espinoso

estrato basal

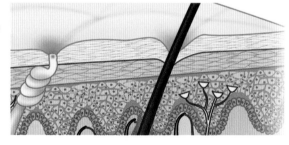

Dermis

Esta capa de la piel esta formada por tejido conjuntivo, en el que abundan las fibras de colágeno y las fibras elásticas.

En ella se encuentran los anexos de la piel: el pelo, las uñas, las glándulas sebáceas y sudoríparas. Y en ella se localizan los vasos sanguíneos y terminaciones nerviosas.

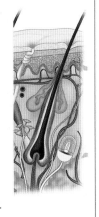

Hipodermis

También denominada tejido graso subcutáneo, está formada por tejido adiposo. Sus células llamadas adipocitos almacenan la grasa.

Este tejido tiene la función de conservar la temperatura y energía del cuerpo.

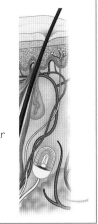

¿Cuáles son sus funciones?

▶ Nos protege de las lesiones, de las radiaciones ultravioleta y de las infecciones.

▶ Almacena agua, evitando su pérdida, y grasa, como reserva energética.

▶ Nos relaciona con el exterior mediante el sentido del tacto.

▶ Previene la entrada de bacterias.

▶ Regula la temperatura corporal.

▶ Sintetiza la vitamina D con la luz del sol.

1.1. ANEXOS CUTÁNEOS

Se forman a partir de la epidermis, dando lugar a estructuras como el pelo, las uñas, las glándulas sebáceas, y las glándulas sudoríparas; que pueden ser ecrinas, si expulsan sus sudor por un poro, o apocrinas, que sólo se encuentran en axilas, ingles, genitales y areola mamaria, si desembocan en un folículo pilosebáceo.

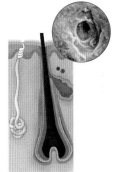 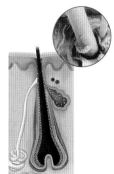

Glándula ecrina.   Glándula apocrina.

1.2. LA EMULSIÓN EPICUTÁNEA

También llamada manto ácido o hidrolipídico. Recubre la superficie de la piel, y está formada principalmente por células córneas descamadas, y secreciones sebáceas y sudoríparas.

Al alterarse el equilibrio entre estas secreciones, dan lugar a los diferentes tipos de pieles grasas o secas.

Actúa como defensa ante microorganismos y agentes irritantes, físicos y químicos.

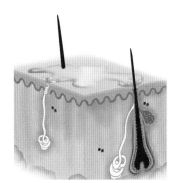

Pon en práctica

1. Realiza un esquema donde detalles todas las capas de la piel. Amplia tus datos con información sobre los estratos de la epidermis.

2. EL PELO

El pelo es un filamento cilíndrico, de la misma naturaleza córnea que las células de la epidermis, que nace en el interior de la piel y al crecer sale al exterior. Está presente en todo el cuerpo, excepto en las palmas de las manos, plantas de los pies y semimucosas como labios y genitales.

En el pelo podemos distinguir dos partes: la raíz, que es la parte no visible rodeada por el folículo piloso y la parte visible o tallo.

Médula: situada en el centro del pelo, aunque algunos carecen de ella.

Córtex: capa intermedia y muy importante en nuestra profesión, porque en su interior se encuentra la melanina y la mayor cantidad de queratina capilar. En esta capa se producen los cambios de color.

Cutícula: parte exterior, que rodea al córtex y tocamos. Está formada por células duras pero flexibles, transparente y sin pigmento. Sus células, están superpuestas entre sí, como las tejas de un tejado. Cuando la cutícula está deteriorada el pelo no tiene brillo, pues la luz se refleja de manera irregular; decimos entonces que el cabello es poroso.

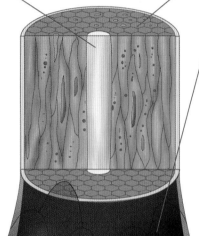

Tallo: parte visible del pelo. Consta de médula, córtex y cutícula.

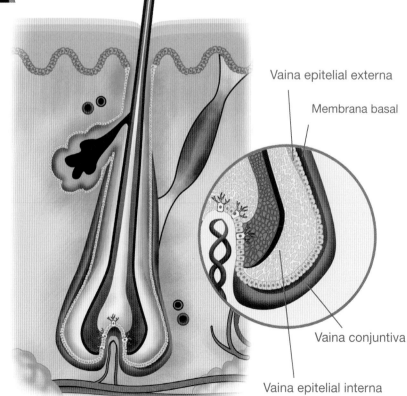

Vaina epitelial externa

Membrana basal

Vaina conjuntiva

Vaina epitelial interna

Raíz: parte interna y viva del pelo. En la raíz podemos distinguir:

- El bulbo piloso. Es la parte más profunda del pelo con forma semejante a una cebolla.
- La matriz. Es la zona del bulbo que recubre la papila dérmica. Sus células están en continua división, generando nuevos pelos.
- La papila dérmica. Es una masa de tejido situada en la zona inferior del folículo piloso. Nutre a las células de la matriz para producir nuevos pelos, gracias a los vasos sanguíneos que contiene.

2.1. ¿CÓMO PUEDE SER EL PELO?

El pelo, tiene una longitud y flexibilidad distinta:

▶ Largo y flexible: es propio del cabello, barba, bigote, axilas y pubis. Además de su función estética, el cabello protege del calor, frío, y agresiones.

▶ Corto y rígido: lo encontramos en cejas, nariz (llamados vibrisas), pestañas y orejas. El pelo de las cejas y pestañas impide que entre polvo o sudor en los ojos; y el de la nariz filtra el aire que entra a las fosas nasales.

▶ Corto y flexibilidad variable: es el vello corporal que favorece la evaporación del sudor.

2.2. ¿CÓMO CRECE EL PELO?

El crecimiento del pelo es una actividad constante porque cada folículo piloso tiene su ciclo de crecimiento, en el que se alterna la actividad y el reposo:

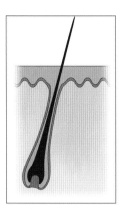

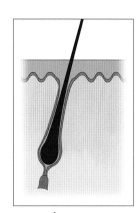

▶ Anágena: es la fase de crecimiento, y dura de 2-7 años. El bulbo tiene la forma típica, sin queratinizar. En una persona normal un 85% de los cabellos están en esta fase.

▶ Catágena: es la fase de reposo, y dura de 2-4 semanas. El bulbo es más cilíndrico y se separa de la papila. Solo un 1% de los cabellos se encuentran en esta fase.

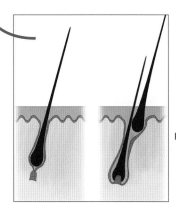

▶ Telógena: 3s la fase de caída, y dura de 2-4 meses. El bulbo está queratinizado, la papila se atrofia, y el cabello se cae. El 14% de los cabellos están en esta fase.

Cantidad de pelo

Un adulto tiene aproximadamente 5 millones de pelos, de los cuales cerca de un millón se encuentran en la cabeza (90.000-150.000 en el cuero cabelludo, según el color), y se pierden aproximadamente 50-100 cabellos al día.

Pon en práctica

2. Dibuja un pelo con todas sus estructuras, y explica donde está situada cada una de las que se han nombrado en el tema.

3. Busca fotografías reales sobre el ciclo piloso, y confecciona un póster indicando tiempos de duración de cada fase, y todo el proceso desde que nace hasta que se cae.

3. EL CUERO CABELLUDO Y EL CABELLO

El cuero cabelludo es la piel que recubre la cabeza del ser humano. Está formado por tejido subcutáneo, y por varias capas de piel muy vascularizada, lo que produce hemorragias en caso de cortes o lesiones.

El cabello es el pelo situado sobre el cuero cabelludo. Inicialmente posee la misma estructura que el resto del pelo, pero alcanza más longitud, está implantado más profundamente (mejor nutrido), es más abundante que el vello, crece con mayor rapidez, y puede perder antes la pigmentación que el pelo de otras zonas.

3.1. PROPIEDADES DEL CABELLO

No tiene las mismas propiedades un cabello sano o uno virgen, que uno que haya sido modificado químicamente.

Resistencia al calor

A temperatura superior a 140º C de calor seco, se puede dañar seriamente la fibra capilar. Si el calor es húmedo, a partir de 200-220º C, puede dañarse el cabello.

▶ Resistencia. Ha de ser capaz de soportar la tracción, los efectos del calor, y los diferentes productos (algunos lo debilitan en exceso como la decoloración).

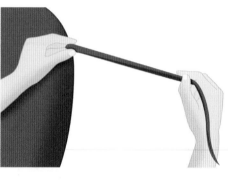

La prueba más utilizada es el *Pull-test* (o tirón): selecciona un mechón de cabello, sujétalo lo más cerca posible del cuero cabelludo con los dedos pulgar e índice, y con la otra mano tensa estirando y aflojando, repitiendo la operación a lo largo de todo el mechón, hasta la punta. Si se rompe con facilidad indicará cabello muy frágil.

▶ Elasticidad. Es la capacidad de recuperación de un cabello tras su estiramiento. Generalmente tanto en seco como en húmedo se puede estirar un 25-30% más de su longitud normal; a partir de este porcentaje queda dañado permanentemente.

▶ Permeabilidad. Es la capacidad de un cabello de absorber sustancias. A mayor abertura de las escamas de la cutícula, mayor porosidad.

▶ Prueba de porosidad. Se separa una mecha de 2-3 cm de cabello seco del resto del cabello, y manteniendo la punta de la mecha con una mano, desliza los dedos índice y corazón de la otra a lo largo de la mecha, en dirección al cuero cabelludo. A mayor cantidad de cabello deslizada con los dedos hacia el cuero cabelludo, mayor porosidad.

▶ Propiedades eléctricas. Al ser la queratina mala conductora de electricidad, al frotar el cabello, se carga eléctricamente con facilidad, por lo que es muy difícil dar forma a un cabello seco, y sobre todo que se mantener esa forma. Puede solucionarse mojando el cabello, o incorporando cosméticos que engrasen ligeramente el cabello.

3.2. TIPOS DE CABELLO

Los tipos de cabello desde el punto de vista de nuestra profesión son:

▶ Forma: dependiendo de la forma que tiene el tallo capilar tenemos:

Redonda	Oval	Aplanada
El cabello presenta un aspecto tieso, liso y lacio. Característico de la raza amarilla e indígenas americanos.	El cabello presenta un aspecto ondulado. Es típico de las razas blancas.	El cabello presenta un aspecto lanoso o ensortijado. Está presente en las razas negras.

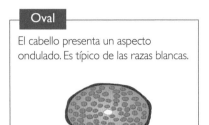

▶ Emulsión epicutánea: según la mezcla de sebo y agua, los cabellos son:

- **Seco:** el cabello presenta un aspecto mate y quebradizo, por falta de grasa y de agua.
- **Graso:** presenta un aspecto brillante y untuoso por un incremento de la secreción de sebo.
- **Normal:** el cabello presenta un brillo normal con equilibrio entre sebo y agua.
- **Mixto:** graso en la raíz y mate en zonas por un desequilibrio de grasa y agua.

▶ Color: depende de la cantidad, el tamaño, y la distribución de la melanina.

Tipos de melanina

▶ Feomelaninas. **Dan colores del amarillo al rojizo.**

▶ Eumelaninas. **Dan color de marrón a negro.**

▶ Tricocromos. **Dan colores rojizos.**

COLOR	GROSOR		
Rubio: cantidad de cabellos abundante.	▶ **Fino:** el diámetro es pequeño.		
Castaño y negro: cabellos numerosos.	▶ **Normal:** el diámetro es entre fino y grueso y presenta un aspecto más voluminoso que el cabello fino.	▶ **Grueso:** el diámetro es mayor, presenta bastante cuerpo y volumen.	
Pelirrojo: cantidad de cabellos poco numerosos .	▶ **Más grueso:** suele ser crespo y con bastante cuerpo.		

Pon en práctica

4. Realiza a tu compañero un test de porosidad y una prueba de fragilidad. Anota todos los datos en la ficha correspondiente.

5. Fíjate en el cabello de tu compañero e indica de qué tipo es atendiendo a la forma, el grosor, el tipo de emulsión epicutánea y color.

3. ALTERACIONES DEL CUERO CABELLUDO Y EL CABELLO

La fotocopia no autorizada es un delito castigado por la ley. Art. 270 Código Penal

TRATAMIENTO MÉDICO

ALTERACIÓN	SÍNTOMAS	FORMA DE ACTUACIÓN
Psoriasis	▶ Aparecen escamas gruesas y plateadas adheridas a la piel y el cuero cabelludo. No es contagiosa.	▶ Derivar al dermatólogo.
Eczema	▶ La epidermis se descama e inflama con enrojecimiento, y aparecen pequeños nódulos que se endurecen con el tiempo. No se contagia.	▶ Derivar al dermatólogo.
Pediculosis	▶ Presencia de piojos y/o liendres en el cabello. Muy contagiosa.	▶ No atender a clientes infestados.

TRATAMIENTO ESTÉTICO

ALTERACIÓN	SÍNTOMAS	FORMA DE ACTUACIÓN
Pitiriasis (caspa)	▶ Escamas blanquecinas que se desprenden del cuero cabelludo. Microorganismos. Picor. Heridas por el rascado. Excesiva descamación del cuero cabelludo.	▶ Seleccionar productos cosméticos (champú bactericida), y secuenciación de tratamiento adecuados.
Seborrea	▶ Cuero cabelludo brillante, grasiento y amarillento. Generalmente causada por motivos hormonales.	▶ Seleccionar productos cosméticos (champú para cabellos grasos), y secuenciación de tratamiento adecuado.
Descamación	▶ Escamas blanquecinas que se desprenden con el rascado. Deshidratación del cuero cabelludo.	▶ Utilizar productos humectantes para evitar la deshidratación de la zona.

Pon en práctica

6. Debatid en clase los efectos de la pediculosis y la pitiriasis, y como actuaríais ante estos casos en un salón de peluquería.

Recuerda

▶ La piel está compuesta por tres capas principales: epidermis, dermis e hipodermis.

▶ El manto ácido o emulsión epicutánea es la protección natural de la piel, gracias a su pH ácido que actúa como barrera ante las agresiones climáticas y las sustancias irritantes.

▶ En el pelo se distinguen principalmente dos partes la raíz, que es la zona viva, y el tallo, que es dónde nosotros trabajamos, que está formado por estructuras queratinizadas.

▶ El ciclo piloso lo componen tres fases principales que son anágena o fase de crecimiento, catágena o fase de reposo, y telógena o fase de caída

▶ El cabello según su forma transversal puede ser lisótrico si es liso, cinótrico cuando es ondulado, y ulótrico si es rizado.

▶ El color del pelo depende del color, tamaño y distribución de los gránulos de melanina.

▶ Las alteraciones relacionadas con el cabello y el cuero cabelludo, que con mayor frecuencia se ven en los salones de peluquería, y que requieren tratamiento médico son: tiña, foliculitis, psoriasis y eczema.

▶ Las alteraciones de tratamiento estético, que con mayor frecuencia se presentan en los salones de peluquería, son la pitiriasis o caspa, la seborrea y la descamación por falta de hidratación del cuero cabelludo.

Actividades

1 Nombra las capas de la epidermis de la más superficial a la más profunda.

2 Dibuja un folículo pilosebáceo, indicando todas las partes de la raíz y el tallo.

3 Dibuja los cortes transversales de las diferentes formas del tallo piloso, especificando su nombre y en que razas es mayoritario.

4 Relaciona el tipo de cabello con su aspecto

A. Graso	Untuoso
	Quebradizo
B. Mixto	Brillante
	Mate
C. Seco	Mate en zonas

5 Nombra cual de las siguientes alteraciones tiene tratamiento médico, y cual estético:

	Tiña
	Seborrea
	Eczema
	Pediculosis
	Pitiriasis

6 Explica como actuarías ante un cliente que padece seborrea, y otro que padece pitiriasis. Indica los cosméticos que utilizarías en ambos casos.

7 Nombra todas las alteraciones de cuero cabelludo que requieran tratamiento médico.

6
TEMA
Técnicas de higiene capilar: el lavado

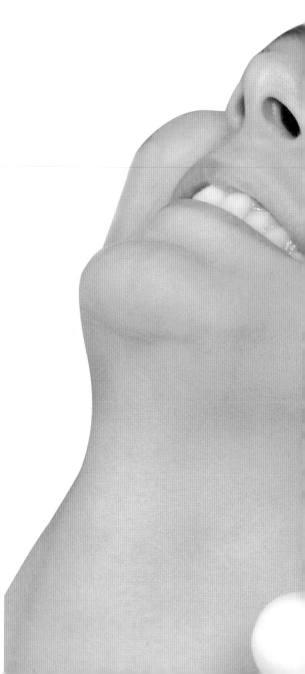

66 Con el lavado se consigue un estado emocional u otro, dependiendo de la capacidad de adaptación al cliente en la temperatura del agua, los productos empleados y la energía empleada por el profesional en el contacto con la cabeza del cliente.

1. HIGIENE CAPILAR

Es el procedimiento por el que se elimina la suciedad del cabello y del cuero cabelludo.

Es la operación básica de todo servicio de peluquería y en gran medida el resultado satisfactorio de las técnicas realizadas, depende de que la higiene capilar haya sido correcta.

Existen distintos métodos de higiene capilar:

Abc

Adsorción: unión o concentración de sustancias sobre una superficie.

Absorción: penetración de una sustancia dentro de una superficie sólida o líquida.

Detergencia

Se arrastra la suciedad con un producto detergente como el champú y agua. Es el método más utilizado, y el más eficaz.

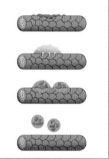

Adsorción

Se realiza sin agua, utilizando sustancias en polvo que adsorben la grasa, como el champú en seco.

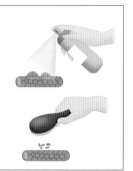

Disolución

Se utilizan aguas detergentes, que también pueden contener alcohol. Se impregna el cabello con una gasa humedecida, para eliminar suciedad localizada.

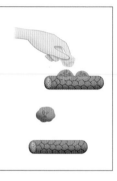

Abrasión

Se utilizan sustancias que eliminan la descamación visible del cuero cabelludo, mediante desgaste por fricción con la yema de los dedos.

1.1. LA SUCIEDAD DEL CABELLO Y DEL CUERO CABELLUDO

La suciedad del cabello es una mezcla de sustancias: grasa de la emulsión epicutánea, sudor, células muertas procedentes de la descamación del cuero cabelludo, restos de cosméticos (laca, espuma, etc.), polvo, humo, y suciedad del medio ambiente.

Algunas de estas sustancias se depositan en el cuero cabelludo, y otras (células muertas, etc.), suelen quedarse adheridas al tallo del cabello.

1.2. IMPORTANCIA DE LOS SERVICIOS DE HIGIENE CAPILAR

El cuero cabelludo y el cabello, tienden a acumular suciedad, que engrasa el cabello y lo apelmaza.

Según el proceso a realizar, la higiene del cabello tiene funciones y momentos de realización distintos:

En tu trabajo...

Antes de empezar cualquier proceso, es muy importante conocer las intenciones del cliente y qué tenemos que hacer para conseguirlo.

HIGIENE CAPILAR EN LOS CAMBIOS DE FORMA		
PROCESO TÉCNICO	**REALIZACIÓN**	**FUNCIÓN PRINCIPAL**
Cambios de forma temporal	▶ Antes del proceso.	▶ Para que los cabellos queden libres, sueltos y puedan manejarse con facilidad.
Cambios de forma permanentes: ondulación	▶ Antes y después de los productos técnicos.	▶ Para que la grasa y emulsiones del cabello no dificulten la actuación del líquido reductor. ▶ Para eliminar los restos de productos que podrían dañar el cabello.
Cambios de forma permanentes: desrizado o alisado	▶ Después de los productos técnicos.	▶ Para eliminar los restos del producto que puedan provocar exceso de porosidad en el cabello o excesiva aspereza por la naturaleza de los productos empleados.

Pon en práctica

1. Explicad en clase por qué la higiene capilar es tan importante, y pensad en casos en que una higiene capilar incorrecta pueda afectar al proceso realizado.

2. Razona y explica porque en algunos procesos, el lavado del cabello se realiza después de la técnica específica. ¿Crees que el resultado sería el mismo si el cabello se lavara antes?

HIGIENE CAPILAR EN LOS CAMBIOS DE COLOR

PROCESO TÉCNICO	REALIZACIÓN	FUNCIÓN PRINCIPAL
Cambios de color temporales	▶ Antes y después de los productos técnicos.	▶ Para que la grasa del cabello no impida la impregnación del color. ▶ Para eliminar los restos de producto.
Cambios de color permanentes: tinte y mechas	▶ Después de los productos técnicos.	▶ Para que no queden restos de producto que puedan modificar el color deseado, u ocasionar coloraciones irregulares.
Cambios de color permanentes: decoloración	▶ Después de los productos técnicos.	▶ Para eliminar restos del producto que puedan aumentar la aspereza o porosidad del cabello, al tratarse de productos muy alcalinos.

Pon en práctica

4. Observa el cabello de tu compañero e indica si este es normal, graso o seco. Justifica la respuesta.

2. EL ANÁLISIS CAPILAR

Debe realizarse en todos los servicios de peluquería para seleccionar los cosméticos a utilizar, recomendar los tratamientos apropiados, y evitar técnicas que puedan resultar perjudiciales.

Se hace a través de observación directa, y si el salón dispone del material necesario, se complementa con equipos de diagnóstico.

Además de las alteraciones, se debe observar principalmente:

▶ Calibre: si es fino se mancha antes; el grueso es más resistente.

▶ Tacto: observamos si es suave, áspero, grasiento, seco, etc.

▶ Forma: liso (brilla más), ondulado o rizado (brillan menos).

▶ Brillo: si es normal la secreción es correcta, si es excesivo puede padecer seborrea, si es mate (sin brillo), puede ser que esté seco.

▶ Color: si el cuero cabelludo es blanco marfil suele ser normal, si es amarillento puede indicar exceso de secreción sebácea, si es rojizo puede estar irritado o padecer alguna infección.

▶ Descamación: puede estar ocasionada por deshidratación, o indicar pitiriasis (caspa).

La siguiente tabla recoge los principales tipos de cuero cabelludo y cabello:

El análisis capilar no debe realizarse con el cabello recién lavado, han de transcurrir al menos 24-48 h desde el lavado y no haberse aplicado acondicionadores para que el resultado sea válido.

Análisis de alteraciones

Las formas o colores irregulares de cuero cabelludo o cabello, alopecia (caída o pérdida de pelo), infecciones, pediculosis, etc., se deben detectar en el análisis capilar.

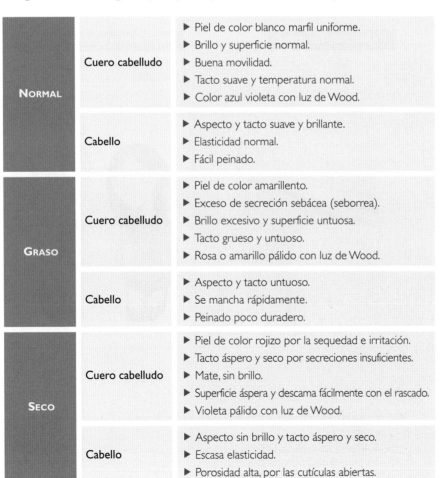

NORMAL	Cuero cabelludo	▶ Piel de color blanco marfil uniforme. ▶ Brillo y superficie normal. ▶ Buena movilidad. ▶ Tacto suave y temperatura normal. ▶ Color azul violeta con luz de Wood.
	Cabello	▶ Aspecto y tacto suave y brillante. ▶ Elasticidad normal. ▶ Fácil peinado.
GRASO	Cuero cabelludo	▶ Piel de color amarillento. ▶ Exceso de secreción sebácea (seborrea). ▶ Brillo excesivo y superficie untuosa. ▶ Tacto grueso y untuoso. ▶ Rosa o amarillo pálido con luz de Wood.
	Cabello	▶ Aspecto y tacto untuoso. ▶ Se mancha rápidamente. ▶ Peinado poco duradero.
SECO	Cuero cabelludo	▶ Piel de color rojizo por la sequedad e irritación. ▶ Tacto áspero y seco por secreciones insuficientes. ▶ Mate, sin brillo. ▶ Superficie áspera y descama fácilmente con el rascado. ▶ Violeta pálido con luz de Wood.
	Cabello	▶ Aspecto sin brillo y tacto áspero y seco. ▶ Escasa elasticidad. ▶ Porosidad alta, por las cutículas abiertas.

2.1. PROTOCOLO DE ANÁLISIS CAPILAR

Debemos seguir un protocolo de actuación con todos los clientes:

Recepción y acomodación

La zona debe estar limpia, dotada del material necesario, y aislada, para evitar que el cliente se sienta incómodo.

Preparación

Se le coloca una bata y después de acomodarle, le ponemos una toalla por los hombros. Se desenreda el cabello con un cepillo de cerdas suaves.

Entrevista

Debemos preguntar sobre los hábitos de higiene capilar: frecuencia tipo de champú, empleo de mascarillas…, y hábitos alimenticios.

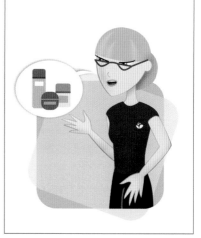

Análisis

Mediante pruebas visuales y a través del tacto primero; después con equipos de diagnóstico.

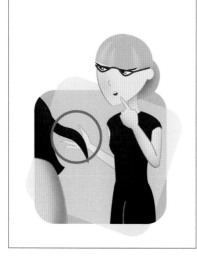

Registro de los datos

Completamos la ficha técnica, con los resultados obtenidos en los diferentes métodos para el análisis.

ANÁLISIS:
CUERO CAB

CABELLO

Diagnóstico y recomendaciones

Informamos al cliente de los resultados obtenidos, y le recomendamos los tratamientos o cosméticos.

Pon en práctica

4. Por parejas escenificad el protocolo que hay que seguir al analizar el cabello del cliente.

▶ A la hora de realizar la ficha técnica, cread una con la información que creéis que debe contener.

2.2. ¿CÓMO SE ANALIZA EL CABELLO Y EL CUERO CABELLUDO?

Se observa el aspecto general del cuero cabelludo y cabello, abriendo líneas en todas las zonas de la cabeza. Puede ser por:

Exploración manual o directa

Es imprescindible disponer de buena iluminación:

▶ Palpación. Se emplean las yemas de los dedos, por su sensibilidad:

- **Cuero cabelludo.** Se pasan las yemas de los dedos por él.

  – Tacto suave y temperatura normal: la emulsión está equilibrada.

  – Tacto grueso y untuoso: exceso de secreción sebácea.

  – Tacto áspero y seco: secreciones insuficientes.

  – Tacto húmedo y frío: exceso de sudor (hiperhidrosis).

- **Cabello.** Se pasan las yemas por la mecha y nos fijamos en su calibre y tacto. Permite comprobar la adherencia de la piel

▶ Movilidad del cuero cabelludo. Se coloca una mano abierta en la nuca, y otra en el borde o contorno de la frente, y se intentan llevar ambas manos hacia la coronilla.

▶ Test del papel. Se presiona sobre el cuero cabelludo, con un papel absorbente, unos segundos, si la humedad se seca, indica sudoración, si se mantiene la mancha, es grasa. Se emplea si se sospecha exceso de grasa o seborrea.

Exploración con equipos de diagnóstico

Se realiza tras la exploración manual.

> ! Si la piel del cuero cabelludo está muy adherida, los folículos pilosos suelen estar peor vascularizados y nutridos.

Lupa

Utiliza una lente de aumento y suelen disponer de luz para facilitar la observación.

Microcámara

Permite observar las secreciones y el cabello sin necesidad de arrancarlo, proyectando sobre un monitor las imágenes obtenidas.

Microvisor

Se arranca el pelo y se coloca en un portaobjetos que aumenta la imagen proyectándola en la pantalla.

Lámpara de Wood

Permite analizar la piel, mediante las diferentes fluorescencias que produce.

Coloraciones

Las coloraciones más importantes de la lámpara de Wood son:

▶ Azul violeta. **Piel normal.**

▶ Violeta pálido. **Deshidratada.**

▶ Rosa o amarillo pálido. **Seborreica.**

2.3. FICHA TÉCNICA DE ANÁLISIS CAPILAR

DATOS PERSONALES	FECHA Nº REGISTRO
Apellidos:	Nombre: ....
Fecha de nacimiento:	Sexo ....
Dirección:	Población: ....
Teléfono móvil:	Otro teléfono: ....
E-mail:	Profesión: ....
Obseravciones	

ENTREVISTA

Motivo de la consulta

- Aspecto (graso, seco, etc):
- Pérdida de cabello, localización:
- Otros:

Hábitos de higiene

- ¿Cuántos días hace que se lavó el cabello?
- ¿Se nota sucio el cabello poco tiempo después del lavado?
- Frecuencia de lavado (diario, días alternos, semanal, etc.)
- Peinado habitual
- Tipo de secado y tenperatura
- Productos utilizados:

Alimentación

• Equilibrada.	• Completa.	• Irregular.	• Variable.	• Otras…

Otros factores

• Estrés.	• Problemas hormonales.	• Enfermedad.	• Otros…

ANÁLISIS DEL CUERO CABELLUDO

Brillo	Color	Descamación	Movilidad	Tacto
• Normal.	• Blanco.	• Sí.	• Buena.	• Suave y temperatura normal.
• Excesivo.	• Amarillento.	• No.	• Escasa.	• Grueso y untuoso.
• Mate.	• Rojizo.	• A veces.	• Nula.	• Áspero y seco.
				• Húmedo y frío.

Luz de Wood	• Azul violeta.	• Violeta pálido.	• Rosa o amarillo pálido.

ANÁLISIS DEL CABELLO

Calibre (textura)	Tacto		Brillo	Estado	
• Fino.	• Suave.	• Áspero.	• Normal.	• Natural.	• Desrizado.
• Medio.	• Untuoso.	• Seco.	• Escesivo.	• Decolorado.	• Permanentado.
• Grueso.			• Mate.	• Teñido.	• Otros.
Porosidad	**Cantidad (densidad)**		**Longitud**	**Forma**	
• Normal (cabello sano).	• Escasa (rala).		• Corto (hasta 15 cm).	• Liso.	
• Alta (cutículas abiertas).	• Media.		• Medio (de 15 a 30 cm).	• Ondulado.	
• Baja (cutículas cerradas).	• Abundante.		• Largo (más de 30 cm).	• Rizado.	

RESULTADO O DIAGNÓSTICO

Tipo de cuero cabelludo y cabello	Tratamiento recomendado

La fotocopia no autorizada es un delito castigado por la ley. Art. 270 Código Penal

3. EL CHAMPÚ

Cosmético limpiador que elimina la grasa y la suciedad del cuero cabelludo. Los champús han de seleccionarse en función del tipo del cuero cabelludo y cabello que presenta el cliente, para no alterar sus secreciones o para actuar sobre su desequilibrio.

3.1. COMPOSICIÓN

Están compuestos principalmente por tensioactivos, disueltos en agua, y por aditivos:

▶ Tensioactivos: son detergentes que eliminan la suciedad y la grasa. Deben hacerlo sin dañar el cuero cabelludo y cabello.

▶ Aditivos: mejoran las propiedades o el aspecto del champú.

TIPO DE ADITIVO	SIRVE PARA...
Espesante	▶ Aumentar la viscosidad.
Nacarante u opacizante	▶ Dar aspecto nacarado o perlado.
Suavizante o acondicionador	▶ Evitar el excesivo desengrasado.
Producto de tratamiento	▶ Combatir alteraciones como caspa, caída, seborrea, etc.
Conservante	▶ Que no pierda propiedades.
Colorantes y perfumes	▶ Hacerlo más atractivo.

3.2. TIPOS

Según el uso al que están destinados pueden ser:

CHAMPÚ COMÚN	▶ Limpia cabello y cuero cabelludo.
CHAMPÚ INFANTIL	▶ No debe irritar los ojos y ser fácil de aclarar.
CHAMPÚ DE USO FRECUENTE	▶ Debe tener acción detergente moderada, y no ser irritante.
CHAMPÚ ÁCIDO	▶ Restituye la acidez del cuero cabelludo tras la coloración, decoloración, etc.
CHAMPÚ DE TRATAMIENTO	▶ Limpia, y trata de corregir alteraciones del cuero cabelludo y cabello, grasa, caspa, etc., adicionando sustancias específicas.
CHAMPÚ ACONDICIONADOR	▶ Emplea sustancias suavizantes que actúan mientras limpian. Suelen ser menos agresivos que los champús normales.

Elección del champú

La elección del champú en los servicios de peluquería depende del resultado del análisis capilar, y de los requerimientos del cliente. Hay que tener en cuenta el estado y características del cabello, el trabajo técnico, la calidad del agua y la frecuencia de lavado.

Pon en práctica

6. Explora el cuero cabelludo y cabello de forma manual y con equipos de diagnóstico, de 3 compañeros, y tratad de consensuar el resultado obtenido sobre el análisis. Confeccionad la ficha técnica correspondiente.

En tu trabajo…

Debes regular correctamente la altura del lavacabezas, para facilitar la comodidad del cliente, y para evitar mojarle. La temperatura estará en torno a los 37-45ºC.

4. LAVADO DEL CUERO CABELLUDO Y DEL CABELLO

Es la técnica básica de la higiene capilar. Tiene como objetivo eliminar la suciedad y/o restos de cosméticos anteriores.

4.1. PREPARACIÓN

Preparación del cliente

Al cliente, le ponemos una bata o capa y una toalla por los hombros, que puede ser desechable, protegiendo así su ropa de posibles manchas o mojaduras. Se le cepillará el cabello suavemente para desenredarlo, y procederemos al análisis capilar, en caso de no tener ficha abierta.

Acomodación del cliente

Una vez obtenida la información necesaria, y realizada la ficha técnica correspondiente, es el momento de que el cliente pase al lavacabezas y se acomoda.

Elección del champú

Elegiremos el champú, aunque en ocasiones utilizaremos aquel que nos proponga el cliente tras haberle preguntado.

Preparamos un peine para desenredar tras el lavado y una toalla para eliminar el exceso de agua al final del proceso de higiene. Y si es necesario utilizamos guantes protectores.

4.2 ¿CÓMO LO HAGO? TÉCNICA DE LAVADO

Colocamos el cabello bien desenredado sobre el lavacabezas o teja. Tras regular la presión y comprobar la temperatura del agua con el dorso de la mano o el antebrazo, mojamos una pequeña parte del cabello y preguntamos al cliente por sus preferencias, rectificando la temperatura si es necesario. Procedemos al lavado:

¿cómo lo hago?

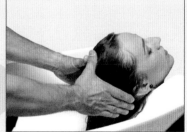

Mojado del cabello. Sujetamos el grifo con la ducha inclinada hacia nosotros. Empezamos a humedecer separando la masa de pelo, por el frontal, se pasa a laterales, coronilla y nuca. Se va colocando la otra mano en el lateral del rostro de la zona que se moja. Se escurre con la mano el exceso de agua para que después el champú no resbale.

¿cómo lo hago?

Aplicación del champú. Se deposita en la mano y se aplica en frente, laterales, coronilla y nuca, repartiéndolo de forma uniforme.

Frotación del cuero cabelludo. Con movimientos circulares con la yema de los dedos, para extender y emulsionar. Se empieza por la zona frontal hasta llegar a nuca, y después temporales hasta la coronilla. En el cabello se realizará una ligera frotación de raíz a puntas.

Aclarado. Se empieza por las zonas superiores. Debe realizarse con abundante agua, tanto en el cuero cabelludo como en toda la longitud del cabello, masajeándolo y levantándolo para eliminar cualquier resto de producto.

Retirada del exceso de agua. Con las manos, se presiona, sin retorcer, y finalmente con una toalla limpia a toques, sin frotar.

Normalmente, tras el aclarado se realiza una nueva aplicación de champú, empleándose una cantidad menor que la vez anterior, ya que hay menos suciedad y se formará más espuma. Se realizan las mismas maniobras que en la anterior aplicación y se procede al aclarado final.

Pon en práctica

6. Por parejas, realizad simulaciones prácticas de lavado del cuero cabelludo y cabello, indicando durante el proceso los aspectos más importantes de cada técnica.

7. Escenificad con otro compañero/a la preparación y protección del cliente, e indicad que acciones os parecen más importantes en el proceso, y porqué.

5. TÉCNICAS DE LIMPIEZA CAPILAR EN LOS PROCESOS QUÍMICOS

La técnica del lavado es uno de los elementos más importantes de los servicios de peluquería. Dependiendo del servicio que se va a realizar, seleccionaremos el champú más adecuado para proteger el cabello y el cuero cabelludo.

5.1. CAMBIOS DE FORMA PERMANENTE

Antes del proceso técnico, debe lavarse el cabello con un champú neutro, centrándose en el cabello, sin insistir sobre el cuero cabelludo, para evitar desprotegerlo frente a los productos, y después de la ondulación con un champú específico, ligeramente ácido.

En el caso del desrizado y alisado, no lavaremos previamente el cabello si estos están teñidos o castigados. Después del proceso, aclaramos abundantemente para eliminar los productos y lavamos con un champú suave.

5.2. COLORACIONES, DECOLORACIONES

Se realiza la limpieza después del proceso técnico, debe retirarse completamente con abundante agua tibia o fría, cualquier resto de tinte o decolorante antes de aplicar el champú.

En ambos casos se emplea un champú ligeramente ácido, para facilitar el compactado o cerrado de las escamas de la cutícula.

6. LIMPIEZA EN SECO DEL CABELLO

Se realiza por el método de adsorción. Se emplean sustancias, generalmente en forma de polvo, que adsorben la grasa y la suciedad. Después de proteger al cliente con una bata o capa, y con una toalla, procedemos de la siguiente manera:

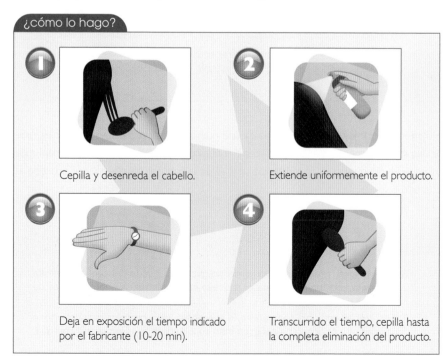

¿cómo lo hago?

1. Cepilla y desenreda el cabello.

2. Extiende uniformemente el producto.

3. Deja en exposición el tiempo indicado por el fabricante (10-20 min).

4. Transcurrido el tiempo, cepilla hasta la completa eliminación del producto.

Si el cabello no se aclara muy bien, no quedará limpio y dificultará los trabajos posteriores.

Otra técnica

Consiste en la aplicación del champú mediante una paletina, abriendo líneas y pincelando como si se tratara de la aplicación de un tinte, para después emulsionarlo con las yemas de los dedos (hay que ir humedeciéndolo con pulverizaciones de agua), con la persona sentada en el tocador.

Recuerda

▶ La higiene capilar es la operación básica de todo servicio de peluquería, y si no se realiza correctamente puede afectar y deslucir todo el proceso técnico.

▶ Los métodos más utilizados de higiene capilar son detergencia, disolución, adsorción y abrasión.

▶ Según el proceso que se va a realizar, la higiene capilar se realiza antes, o después de la aplicación de los cosméticos y técnicas específicas.

▶ Atendiendo a sus secreciones, existen fundamentalmente tres tipos de cuero cabelludo y cabello que son: normal, graso y seco.

▶ El análisis capilar es importante realizarlo en todos los servicios de peluquería (clientes nuevos) para seleccionar los cosméticos a utilizar, y para evitar técnicas que puedan resultar perjudiciales, o recomendar tratamientos específicos.

▶ El análisis de cabello y cuero cabelludo, puede hacerse mediante exploración manual o directa, y mediante exploración con diferentes equipos de diagnóstico.

▶ Las fluorescencias de la luz de Wood que tienen mayor importancia en peluquería son: azul violeta-piel normal, violeta pálido-deshidratada, y rosa o amarillo pálido-seborreica.

▶ En las técnicas de lavado, anteriores o posteriores a la realización de determinadas técnicas como ondulación permanente, coloraciones, o decoloración, deben utilizarse precauciones y productos especiales.

▶ La limpieza en seco del cabello, se realiza por el método de adsorción, utilizando productos formulados con sustancias que adsorben la grasa, para después poder eliminarla mediante el cepillado.

Actividades

1 Nombra los distintos métodos de higiene capilar, y explica cómo se realiza cada uno.

2 Nombra ordenadamente el protocolo de análisis capilar, y explícalo.

3 Nombra los sistemas de exploración con equipos de diagnóstico, que hemos visto en el tema, y explica las características de cada uno de ellos.

4 Infórmate en distribuidores de productos profesionales, publicidad o Internet, de otros tipos de champú diferentes a los nombrados en el tema (al menos 2), y realiza un póster dónde especifiques todos los tipos y sus características.

5 Confecciónate una ficha propia de análisis capilar, incluyendo todos los apartados que consideres necesarios, y las preguntas que te parezca importante realizar, y justifícala.

6 Explica detallada y ordenadamente la técnica de lavado del cabello.

7 Explica las técnicas de higiene capilar a seguir, en los procesos de cambio de forma permanente.

8 Explica la técnica de aplicación de la limpieza en seco del cabello.

9 Busca información sobre al menos 2 marcas comerciales de productos de limpieza en seco del cabello, y anota las instrucciones del fabricante respecto a la técnica de aplicación, para después comentarlas en clase.

7

TEMA

Técnicas de higiene capilar: el masaje y el acondicionamiento

EN ESTE TEMA...

" Un masaje capilar, no es solo un tratamiento destinado a mejorar la belleza del cabello, es un acto que permite que el cliente se relaje y descargue tensiones, por ello es importante crear un clima adecuado.

1. MASAJE CAPILAR

Es un conjunto de maniobras que se aplican sobre la cabeza. En la higiene capilar se realiza en el lavacabezas, durante la aplicación del acondicionador, y debe ser relajante.

Debe procurarse que el ambiente sea confortable, y que el cliente esté relajado, con respiración regular, ojos cerrados, piernas ligeramente separadas, y brazos y hombros sueltos.

El profesional se sitúa detrás del cliente, con las piernas semiabiertas e inicia con maniobras suaves y relajantes, después aumentará gradualmente el ritmo y la presión, y descenderá suavemente hasta acabar de nuevo con maniobras suaves y relajantes.

Contraindicaciones

Debe evitarse el masaje en casos de:

▶ Secreción sebácea excesiva.

▶ Heridas o quemaduras sin cicatrizar.

▶ Infecciones, o inflamación en la zona.

▶ Antes de determinados procesos técnicos como coloración permanente, decoloración u ondulación.

▶ Dolor durante la aplicación, o cualquier alteración sospechosa.

1.1. INDICACIONES Y BENEFICIOS

Está especialmente indicado cuándo el cuero cabelludo se encuentra muy adherido a los tejidos subcutáneos o con poca movilidad, en cabellos secos, en estados de tensión nerviosa y muscular, etc. Los beneficios más importantes son:

▶ Nutrición. Favorece la nutrición y renovación celular. Al movilizar el cuero cabelludo, también mejora el aporte sanguíneo de la piel, con lo que se estimula al bulbo piloso.

▶ Aumento de las secreciones. Favorece la eliminación de toxinas al movilizar los líquidos retenidos, y estimula la secreción de las glándulas sebáceas.

▶ Estímulo de las terminaciones nerviosas. Estimula las terminaciones, favoreciendo la contracción y relajación muscular.

1.2. MANIOBRAS

¿cómo lo hago?

Frotaciones superficiales: son unos pases suaves, muy relajantes, que se emplean como toma de contacto al inicio del masaje. Se realizan círculos suaves sin presión, con la yema de los dedos a ambos lados de la cabeza, hasta llegar a coronilla y después con la mano izquierda apoyada en la frente, se baja desde la zona frontal a nuca.

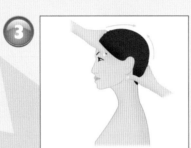

Amasamiento profundo en nuca:
Combina la presión
y la rotación. Se aplica con
la palma hacia arriba detrás
de la nuca, se dejan los pulgares
libres, y con las yemas del resto
de los dedos se realizan círculos
lentos y profundos en dirección
ascendente.

Movilización de cuero cabelludo:
facilita el desprendimiento
del cuero cabelludo y activa
la circulación sanguínea y linfática.
Se realiza con una mano colocada
en el borde frontal del cuero
cabelludo, y la otra en la nuca,
se moviliza intentando llevar
las dos manos hacia la coronilla.

Amasamiento digital de cuero cabelludo: estimula la renovación celular, y ayuda a desprender las células muertas, y aumenta el flujo sanguíneo. Se sujeta la frente con la mano izquierda, y la mano derecha con la palma hacia arriba trabaja la zona central desde nuca a zona superior. Después con la palma hacia abajo, se trabaja desde la frente hasta la parte posterior. Posteriormente se realiza en ambos laterales, suavizando las maniobras en la zona de las sienes. Los círculos de los dedos deben ser fijos, sin desplazar ni friccionar.

En tu trabajo…

En el masaje no debes perder el contacto con el cliente, por la sensación de abandono que produce.

Cada maniobra la repetirá al menos tres veces.

¿cómo lo hago?

Presiones circulares (deslizantes): tienen acción sedante al actuar sobre el sistema nervioso, y estimulan la circulación sanguínea. Con las manos extendidas y las yemas de los dedos apoyados, se realizan círculos sin levantarlos del cuero cabelludo, desplazando hasta llegar a coronilla, con ambas manos a la vez, primero en la zona superior y luego en laterales.

Presiones (fijas): son presiones uniformes pero intermitentes. Relajan el sistema nervioso y estimulan la circulación. Se colocan las palmas de las manos en la zona frontal y nuca, y luego a ambos lados de la cabeza. Se inicia el contacto suavemente, se aumenta la presión en unos 3 segundos, se mantiene otros 3 segundos presionado, y se va soltando a lo largo de otros 3 segundos.

Vibraciones: son maniobras muy relajantes. Se consiguen tensando los músculos del brazo, hasta conseguir la vibración y se pasan las dos manos a la vez, primero sobre la zona superior de la cabeza, y después sobre laterales, con cierta rapidez, pero suavemente.

Frotaciones superficiales final de conjunto: son maniobras suaves se realizan con la mano izquierda apoyada en la zona frontal, y la derecha en nuca, se va deslizando hasta coronilla, sacudiendo las manos al salir; y después a ambos lados de la cabeza, hasta coronilla.

Pon en práctica

1. Por parejas, con el cabello seco y cepillado, escenificad las maniobras del masaje capilar, prestando especial atención a la forma y colocación de las manos, y al ritmo y la presión aplicadas.

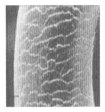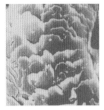

2. ACONDICIONADORES CAPILARES

Son productos que restauran el sebo natural del cabello. Reducen o eliminan la electricidad estática, y recubren el tallo capilar, cerrando la cutícula del pelo, lo que aumenta el brillo, la suavidad, la flexibilidad, facilita el peinado, etc., y disminuye su porosidad.

Tallo capilar sano.   Tallo capilar dañado.

2.1. COMPOSICIÓN

Están compuestos por los principios activos y por diferentes aditivos y por diferentes aditivos. Los principios activos son los ingredientes responsables del acondicionamiento capilar y tienen la misión de reparar el cabello. Son entre otros:

▶ Tensioactivos catiónicos. Son suavizantes y humectantes, y se emplean porque la carga negativa de la queratina de la cutícula, presenta afinidad por estos productos con carga positiva, lo que favorece su adhesión al tallo capilar.

▶ Lípidos. Reponen el sebo natural del cabello, alisando la superficie descamada y aumentando el brillo. Se utilizan derivados de la lanolina, alcoholes grasos, ceras naturales, y algunos aceites.

▶ Proteínas. Se utilizan sustancias obtenidas de la degradación de proteínas como la queratina, colágeno, elastina, etc. El cabello las atrae según su grado de deterioro, si está sano adsorberá poca cantidad, y si está muy dañado retendrá una cantidad mayor.

▶ Otros. Se emplean ácidos débiles, sustancias plásticas que unen las partes dañadas del cabello, aceites de silicona, vitaminas, etc.

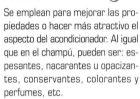

Aditivos

Se emplean para mejorar las propiedades o hacer más atractivo el aspecto del acondicionador. Al igual que en el champú, pueden ser: espesantes, nacarantes u opacizantes, conservantes, colorantes y perfumes, etc.

2.2. TIPOS

Los acondicionadores los podemos clasificar de diferentes formas:

Según su función

▶ Preparación. Igualan la porosidad de todo el cabello, para que determinados productos actúen uniformemente.

▶ Protección. Protegen de las agresiones externas, de las temperaturas altas en el secado, y de los efectos climáticos, creando una fina película sobre el cabello.

▶ Mantenimiento. En los cabellos sanos, repone los lípidos naturales eliminados durante el lavado.

▶ Restauración. En cabellos dañados, restaura los lípidos capilares y la integridad de la cutícula.

▶ Reestructuración. Tienen como misión cerrar la cutícula del cabello después de técnicas como cambios de color, de forma, etc.

Según su presentación

FORMA DE PRESENTACIÓN	CARACTERÍSTICAS	APLICACIÓN
Cremas suavizantes	▸ Emulsiones que suelen contener aceites vegetales. Según su composición, pueden emplearse para todo tipo de cabellos.	▸ Se aplican sobre cabello lavado. Necesita aclarado.
Champús acondicionadores	▸ Limpian y acondicionan cabellos en buen estado.	▸ Se aplican, se dejan un tiempo de exposición, y se aclaran.
Lociones acondicionadoras	▸ Contienen los principios activos disueltos en agua, o en agua y alcohol. Suelen ser específicas para tratamientos concretos.	▸ Se aplican gota a gota sobre el cabello lavado y húmedo, y se masajea para su extensión. Se aclara.
Geles acondicionadoras	▸ Para cabellos normales o con tendencia seborreica. Su viscosidad puede ser muy variada, y algunos pueden aplicarse con el peine.	▸ Se toma con la mano, se frotan ambas manos y lo distribuimos por el cabello. Generalmente no necesita aclarado.
Espumas acondicionadoras	▸ Se presentan en envases a presión, contienen suavizantes y acondicionadores no grasos. Para cabellos normales o con tendencia seborreica.	▸ Se toman con la mano, se reparte entre las dos manos y se distribuye por el cabello uniformemente. No suelen necesitar aclarado.
Suspensiones bi-fásicas	▸ Se presentan en dos fases que hay que mezclar antes de usar. Se emplean para cualquier tipo de cabello.	▸ Suelen pulverizarse directamente en el cabello. No necesitan aclarado.
Serum	▸ Suelen ser mezclas de siliconas volátiles, que recubren el tallo capilar y sellan las puntas. Para todo tipo de cabello.	▸ Según su presentación se aplican sobre la mano, o se pulverizan directamente en el cabello.
Cremas acondicionadoras o mascarillas	▸ Son cremas densas que se emplean en cabellos muy dañados, o cada cierto tiempo como protección y mantenimiento.	▸ Se aplican en forma de baño de crema, en medios y puntas, dejando tiempo de exposición para que actúe. Necesita aclarado.

Pon en práctica

2. Busca información en todos los medios de que dispongas, Internet, revistas, establecimientos comerciales, etc. sobre otras formas de presentación de los acondicionadores distintas a las nombradas, y realiza un esquema con todos los tipos que conozcas.

3. ACONDICIONAMIENTO CAPILAR

Es la aplicación del producto acondicionador y, en su caso, del uso de aparatología o los materiales necesarios para facilitar o potenciar su efecto. Es conveniente realizarlo con cada lavado. Al seleccionar el acondicionador, tendremos en cuenta:

▶ Tipo de cabello: graso, normal, seco, sensible, etc.

▶ Estado en que se encuentra: sano, deteriorado.

▶ Efecto deseado: protección, restauración, aumento de brillo, etc.

▶ Proceso técnico que se va a realizar o se ha realizado: ondulación permanente, cambio de color, cambio de forma temporal, etc.

Antes de su aplicación, deberemos conocer las instrucciones del fabricante y seguirlas rigurosamente.

¿cómo lo hago?

¿qué necesito?

▶ Acondicionador específico para cada cliente.

▶ Film transparente.

▶ Toallas.

Aplicación.
Se realiza sobre cabello limpio y húmedo secado con una toalla. Se toma con la mano el producto y se extiende de medios a puntas, no sobre el cuero cabelludo.

Distribución.
Se peina con un peine de desenredar de púas anchas para distribuirlo uniformemente.

 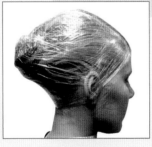

Tiempo de exposición.
Se deja el tiempo indicado por el fabricante. Puede cubrirse con film osmótico, y una toalla o utilizar aparatos que potencien y aceleren el acondicionamiento.

Aclarado (si procede).
Debe aclararse con abundante agua tibia. Se elimina el exceso de agua comprimiendo el cabello sin retorcerlo, y se seca con una toalla.

 Debe anotarse en la ficha técnica correspondiente, los productos utilizados y el resultado obtenido.

3.1. Potenciación del acondicionamiento

En ocasiones, habrá que potenciar y acelerar el proceso de acondicionamiento, utilizando métodos o aparatología específica, que se evitarán en casos de seborrea, dermatosis, infecciones y alteraciones de la circulación:

Aparatos productores de vapor

Pueden utilizarse con el cabello seco o mojado.

Tras acomodar e informar al cliente, conectamos el aparato una vez que hemos comprobado el estado del aparato y que el depósito tiene agua suficiente. Cuando la salida de vapor es regular, colocamos el casco en la cabeza del cliente o, en su caso, dirigimos el brazo de salida del vapor hasta 30-40cm de distancia. Finalizado el tiempo se desconecta el aparato y se retiran los accesorios.

Para limpiar y mantener el aparato, seguimos las instrucciones del fabricante.

Oclusión

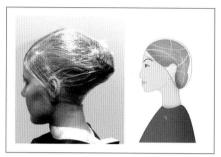

▶ Impide la evaporación del agua, y al aumentar la temperatura, facilita la penetración de sustancias. Se realiza con film transparente o con gorro plástico, y después con una toalla, si no se van a utilizar aparatos generadores de vapor o calor.

Aparatos generadores de calor seco

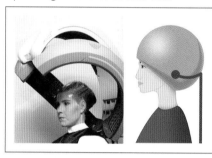

▶ Puede aplicarse mediante aparatos de radiación infrarroja. Estos aparatos suelen utilizarse en trabajos técnicos de cambios de forma permanente o de color. El calor debe estar distribuido uniformemente, por toda la zona donde se quiera actuar. También se puede aplicar con secadores de casco protegiendo el cabello para que no se reseque con un gorro.

Reestructuración con vapor

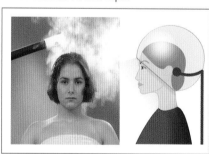

▶ El vapor dilata los folículos pilosos, mejora el metabolismo celular, y facilita la penetración de sustancias en un entorno con humedad, con lo que el cuero cabelludo y cabello no se resecan.

Pon en práctica

3. En parejas, realizad un supuesto práctico donde simuléis de forma ordenada y secuenciada, la aplicación de un acondicionador.

4. Busca aparatos de radiación infrarroja para peluquería, y confecciona un póster con diferentes formas y modelos, indicando utilización, mantenimiento, indicaciones, contraindicaciones, etc.

5. Buscad información sobre algún aparato que se emplee en la reestructuración con vapor y realizad entre todos su ficha técnica señalando su utilización, mantenimiento, indicaciones, contraindicaciones, etc.

Recuerda

▸ El masaje que se emplea en la higiene capilar, se realiza en el lavacabezas durante la aplicación del acondicionador.

▸ El masaje que se realiza es de tipo relajante, comenzando por maniobras suaves, con moderado aumento de ritmo y presión, para finalizar con maniobras muy relajantes.

▸ Los acondicionadores son sustancias que restauran el sebo natural que el pelo pierde con los lavados, técnicas capilares, agresiones atmosféricas, etc., recubriendo el tallo capilar.

▸ Los principios activos más utilizados como acondicionadores son los tensioactivos catiónicos, lípidos, y diversas proteínas como la queratina, el colágeno, la elastina, etc.

▸ Los acondicionadores tienen formas de aplicación distintas, según su composición y forma de presentación, y en algunos casos no será necesario su aclarado.

▸ El acondicionado puede potenciarse mediante la aplicación de calor, la oclusión del producto, y la aplicación de calor húmedo en forma de vapor.

▸ No debe utilizarse el calor en casos de cuero cabelludo excesivamente seborreico, de inflamaciones, de dermatosis, de infecciones, y de alteraciones de la circulación.

Actividades

(1) Nombra las indicaciones y beneficios del masaje capilar.

(2) Detalla las contraindicaciones del masaje capilar, y trata de justificar el porqué de cada una de ellas.

(3) Explica ordenadamente la secuenciación del masaje que empleamos en el acondicionado capilar.

(4) Nombra los tipos de acondicionadores que conozcas, clasificados según la función que tienen, y explica para que se emplea cada uno.

(5) Explica la diferencia entre lociones acondicionadoras, y los geles acondicionadores, y para que tipo de cabello utilizarías cada uno de ellos.

(6) Explica los criterios que debemos seguir para seleccionar los productos acondicionadores.

(7) Nombra de forma ordenada el orden a seguir en la técnica general del acondicionamiento capilar, y explícalo brevemente.

(8) Nombra los métodos explicados en el tema que se pueden emplear para potenciar el efecto de los acondicionadores y explica su utilización para conseguir el efecto deseado.

(9) Explica la aplicación del aparato generador de vapor en el acondicionamiento capilar, explicando detalladamente cada uno de los pasos a seguir.

(10) Los aparatos productores de vapor, generan también ozono, busca información relativa a los efectos que incorpora el ozono al vapor en el acondicionamiento capilar.

8 Condiciones higiénico sanitarias requeridas en centros de peluquería

TEMA

" Las principales vías de comunicación son: visual, auditiva, cinestésica. A través de nuestros sentidos apreciamos cada parte del cuidado higiénico-sanitario. Estar atento a cada parte hace del conjunto un entorno de calidad.

1. ESTABLECIMIENTOS Y SALONES DE PELUQUERÍA

Los salones de peluquería pueden ser muy variados, grandes, pequeños, sencillos, etc., pero en todos los casos deben mantener unas condiciones de higiene impecables, y fácil accesibilidad.

1.1. DISTRIBUCIÓN DEL SALÓN

Los centros de peluquería suelen disponer de varias zonas, que varían en espacio y decoración dependiendo de los recursos o estilo del salón.

Zona de lavacabezas. Es la zona dónde se realiza la higiene capilar, y en ella se disponen los cosméticos, toallas y el material necesario. Estará ordenada y será fácilmente accesible.

Zona de tocadores. Es la zona técnica, en ella se realizan los peinados, cortes, cambios de color, etc. No están alejados de los lavacabezas y deben disponer de la aparatología necesaria para los procesos que la requieran.

Aseos. Diferenciados para hombres y mujeres, y distintos a los del personal de la empresa.

Recepción. Zona en que se recibe al cliente. Suele estar decorado con una mesa o mostrador donde se sitúa el teléfono, la agenda y el fichero, y aquí se le informa, atiende y cobra.

Sala de espera. En ella, el cliente espera a ser atendido hasta que se le acompaña a la zona específica de tratamiento.

Otras zonas. Los clientes no suelen tener acceso a ellas, son la zona de descanso o reunión del personal de la empresa, la zona de almacenaje, la zona de limpieza, etc.

1.2. AMBIENTACIÓN

Son los detalles directos o indirectos, que se perciben en el salón.

► Iluminación: con intensidad suficiente para apreciar colores y matices. Se suele emplear luz directa para las zonas de trabajo e indirecta para la ambientación.

► Decoración: debe ser armónica de todo el conjunto, y crear un entorno cómodo y acogedor. El color puede ser muy variado.

► Temperatura: estable y adaptada al tratamiento que se realiza.

► Música: debe favorecer la relajación. El volumen ha de ser constante, y sin pausas.

2. RIESGOS MÁS COMUNES EN LOS SALONES

Suelen estar relacionados con las instalaciones del salón, y con la práctica del profesional:

Lesiones posturales

Adopción de posturas incorrectas como forzar cuello o espalda, sentarse incómodamente en el lavacabezas, etc.

Accidentes

Pueden sufrirse caídas por suelos mojados o desorden, quemaduras por el uso incorrecto de tenacillas, planchas o secadores, cortes con tijeras, etc.

Manchas en la piel o la ropa

Práctica profesional incorrecta, o capas y protectores mal colocados que no impiden que la piel, vestuario o accesorios se mojen o manchen.

Contagio de enfermedades infecciosas

Por el empleo de útiles mal saneados, o profesionales contaminados que pueden transmitir pediculosis, tiña, herpes, conjuntivitis, hepatitis, SIDA, etc.

Reacciones irritativas o alérgicas

Como respuesta a determinados cosméticos, en forma de alergias, irritaciones, etc. Pueden ser causa del cosmético, o por reacción de sensibilización de la persona a alguno de los componentes.

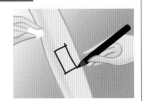

2.1. PRIMEROS AUXILIOS

Lo más importante es mantener la calma. Ante la gravedad, o la duda, es mejor no actuar y solicitar asistencia médica, llamando al teléfono 112.

CAÍDAS Y FRACTURAS	▶ Retirar pulseras, sortijas, calzado, etc. Aplicar frío en la zona si no está abierta. Tapar para conservar el calor corporal. Inmovilizar si procede.
CORTES O HERIDAS	▶ No tocar para evitar infecciones. Lavar con agua y suero fisiológico. Aplicar antiséptico, y cubrir la herida con un apósito estéril.
BAJADAS DE TENSIÓN	▶ Acostar elevando las piernas, y colocar la cabeza de lado. Aflojar la ropa. Airear la habitación. No dar de beber.
QUEMADURAS	▶ Enfriar y lavar la herida con agua fría. No desprender los restos. Cubrir la zona con apósitos estériles. Derivar a un centro médico.
ACCIDENTES ELÉCTRICOS	▶ Cortar la corriente eléctrica, Separar al accidentado de la fuente de electricidad. Derivar a un centro sanitario.
TOXICIDAD	▶ Retirar el producto, lavar con abundante agua fría, y remitir a un médico.

Botiquín

Debe estar lejos del alcance de los niños, en zonas accesibles y sin cerraduras, con temperatura media y sin humedad. Se debe revisar la fecha de caducidad y estado, y sustituirlo cuando corresponda. Se hará una lista de su contenido, y se colocará en el interior, a la vista.

Pon en práctica

1. Realiza un esquema con los accidentes y reacciones adversas, que pueden producirse en un salón de peluquería. ¿Cómo reaccionas ante ellas?

3. PROTOCOLOS DE ACTUACIÓN EN LOS SALONES DE PELUQUERÍA

La mejor forma de optimizar y rentabilizar el trabajo es llevando a cabo una correcta organización de las tareas a realizar.

Conviene definir las actividades y servicios del salón, especificar que personas las deben efectuar, y las relaciones jerárquicas de mando; identificar los medios y recursos que se deben utilizar para cada tarea y establecer procedimientos y protocolos de trabajo recomendados.

3.1. HIGIENE DE INSTALACIONES, ÚTILES, MATERIALES Y EQUIPOS

Debe realizarse de forma regular después de su uso, diariamente, semanalmente, o tantas veces como sea necesario.

Seguimos las instrucciones de los fabricantes tanto para el empleo de los productos de limpieza como para la limpieza de los materiales.

3.2. REPOSICIÓN DE MATERIALES

Los materiales deben reponerse cuando la limitación de sus prestaciones por uso, desgaste o rotura, pueda restar eficiencia o calidad al servicio, debiendo efectuarse el adecuado registro de la baja y la reposición en el inventario específico.

Útiles de madera o cartón	Útiles cortantes o de metal
Se cambian cuando sus propiedades empiezan a disminuir, como es el caso de bigudíes, limas y pulidores, o no puede garantizarse su completa higienización. 	Se cambian cuando dificulten el trabajo (riesgo de lesión), esté limitada o hayan perdido su eficacia, como ocurre con la zona de corte de navajas, tijeras, etc. 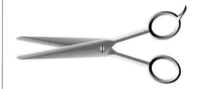

Plásticos	Textiles
Se cambian cuando la coloración o la forma hayan perdido sus propiedades o cuando estén deteriorados (paletinas, gorros de mechas, etc.). 	Se cambian cuando la pérdida de textura, aspecto o color empiece a ser evidente. 

3.3. GESTIÓN DE PRODUCTOS

En las peluquerías es necesario disponer de ciertos productos almacenados, para garantizar el funcionamiento del salón, y el abastecimiento de los clientes.

► Previsión de la demanda. Se ha de contar siempre con ciertas cantidades de cosméticos y materiales, especialmente de los productos de más uso, para evitar encontrarse ante la imposibilidad de ofrecer un servicio o producto.

Evita pedidos de emergencia; una incorrecta planificación del cálculo, puede hacer que se pierda dinero si no se confirman las previsiones, y determinado producto no se vende tanto como se había supuesto.

► Inventario. Es un registro de las existencias de productos, materiales, aparatos y equipos que posee la peluquería, imprescindible para gestionar las cantidades de productos. Se puede hacer de forma informática, o manual. Puede ser a la recepción, cada cierto tiempo, o final de año, o en una fecha concreta.

► Gestión y control de almacenes. El almacén se distribuye en zonas independientes, según los materiales y productos almacenados de forma que resulte fácil la localización de un producto. Estará siempre limpio y ordenado, los envases perfectamente etiquetados.

En la gestión y disposición de los productos almacenados, deben tenerse en cuenta las características del material (si es peligroso, temperatura requerida, si debe estar tumbado, levantado, etc.), volumen, peso (los elementos con más volumen y peso deben dejarse en zonas bajas), y periodo de duración.

Generalmente los productos y materiales que más tiempo llevan en el almacén, son los primeros en utilizarse, evitando que un producto llegue a caducar.

Para un control correcto del almacén, tras recibir la mercancía y registrarla en el inventario, se coloca en el área recomendada del almacén. Revisaremos cada 15 días o mensualmente el contenido inventariado, las posibles caducidades y anotaremos las salidas, bajas y reposiciones.

PEPS

Sistema de Primeras Entradas Primeras Salidas, en el que los productos y materiales que más tiempo llevan en el almacén, son los primeros en utilizarse, evitando que un producto llegue a caducar

Pon en práctica

2. Entre todos, realizad un inventario de los materiales que hay en vuestra aula taller. Señalad cuáles hay que cambiar y realizad un pedido.

► Simulad que ha llegado el pedido y colocadlo en el lugar correspondiente.

Abc

Gestión de residuos: separación, recuperación, reciclaje, valorización y eliminación de los residuos, de forma eficiente y respetuosa con el medio ambiente, según instrucciones de la legislación en vigor.

4. GESTIÓN DE RESIDUOS Y CONSERVACIÓN DEL MEDIO AMBIENTE

Para conseguir los objetivos propuestos para la gestión medioambiental de la peluquería, el factor más importante es la sensibilización y colaboración del personal, para que se impliquen adoptando medidas para reducir la cantidad de residuos, como:

- ▶ Reducir al mínimo el consumo de agua, electricidad, gas, etc.
- ▶ Utilizar productos de mínima toxicidad y con mínimos embalajes.
- ▶ Utilizar materiales de fácil reciclado.
- ▶ Utilizar dosificadores y envases reutilizables.
- ▶ Gestionar correctamente el almacén e inventario, para evitar caducidades.
- ▶ Desechar correctamente los residuos del salón en los contenedores adecuados, que deben estar accesibles y claramente identificados.

CONTENEDOR	RESIDUOS	RECOMENDACIONES
Materia orgánica y restos	▶ Restos de cabello cortado, papeles de aluminio, restos de comida, papeles y tejidos sucios, mascarillas, guantes, cera depilatoria usada.	▶ Depositar en bolsas completamente cerradas en el contenedor gris, beige o verde.
Papel y cartón	▶ Periódicos, folios, revistas, catálogos, cartones, y otros envases de cartón.	▶ No mezclar con papeles sucios. ▶ Depositar en el contenedor azul.
Contenedor de vidrio	▶ Tarros, botellas, adornos y cualquier otro objeto de vidrio. No cristal, bombillas ni espejos	▶ Vaciar de líquido o contenido. ▶ Depositar en el contenedor verde.
Contenedor de envases	▶ Envases metálicos como botes y latas. Bricks de leche, zumo, botellas de agua, bolsas, bandejas, tarrinas.	▶ Vaciar de contenidos los envases. ▶ Depositar en los contenedores amarillo.
Contenedor de residuos sanitarios peligrosos	▶ Residuos infecciosos, agujas y objetos cortantes o que pueden contener restos biológicos como sangre o piel u otros fluidos.	▶ Depositar en contenedores rígidos, de un solo uso, generalmente de color amarillo, identificado con el símbolo de riesgo biológico.
Contenedor de pilas	▶ Pilas, y pequeñas baterías.	▶ No depositar en ningún otro contenedor.
Punto verde o punto limpio	▶ Tóner, disolventes, productos de limpieza con sustancias tóxicas, etc., maquinaria, aparatos,	▶ Depositar en los contenedores específicos.
Punto sigre en farmacias	▶ Cajas de medicamentos, envases de antisépticos...	▶ Depositar en el contenedor específico de la farmacia. ▶ No depositarlos en ningún otro contenedor.

Recuerda

▶ Las características principales que diferencian los distintos tipos de salones, suelen ser el lugar donde se encuentren situados, y el estilo de la clientela que acude.

▶ Los riesgos más habituales en un salón de peluquería están relacionados generalmente con las instalaciones y materiales, y con la práctica profesional.

▶ Los accidentes y reacciones adversas que se producen con mayor frecuencia en los salones de peluquería son las caídas, cortes o heridas, quemaduras, accidentes eléctricos, y las reacciones toxicoalérgicas.

▶ Ante una emergencia o contingencia no prevista, lo más importante es mantener la calma, y si sospechamos que pueda ser grave, o dudamos, tenemos que avisar urgentemente a la central de emergencias al número de teléfono 112.

▶ El botiquín debe situarse en una zona accesible alejado del alcance de los niños y de temperaturas extremas.

▶ Los materiales deben sustituirse cuando su desgaste por uso, su rotura, o la limitación de sus prestaciones lo requieran.

▶ El inventario es la forma más eficaz de controlar las existencias en un salón de peluquería, dada la gran variedad de productos y materiales que se utilizan.

▶ La eliminación de los residuos que genera un salón de peluquería, debe hacerse de forma respetuosa con el medio ambiente, y todo el personal de la empresa debe implicarse.

Actividades

1 Nombra y explica los espacios básicos en que suele distribuirse un salón de peluquería, y explica detalladamente como debe ambientarse.

2 Nombra cuales son los riesgos más comunes para los clientes de peluquería y explica que situaciones los provocan.

3 Explica detalladamente, con que medidas preventivas evitarías los riesgos de caídas de cualquier tipo, en las empresas de peluquería.

4 Detalla la forma de actuación ante las siguientes emergencias:

a) Quemaduras   b) Toxicidad a productos

5 Explica cuándo se realizaría la reposición o sustitución de los siguientes materiales:

a) Útiles cortantes o de metal   b) Textiles

6 Confecciona tu propio modelo de inventario, e incluye los apartados que tú consideres necesarios y que no aparezcan en el tema.

7 Explica paso a paso, cual es el sistema más común de controlar existencias o inventariar en un almacén.

8 Nombra el color y el tipo de contenedor, donde desecharías los siguientes residuos:

Objetos que puedan contener restos biológicos como sangre o piel.	
Toallas desechables sucias y guantes.	
Espejo roto.	
Bricks, bolsas y tubos de cosméticos.	

PROTOCOLOS DE HIGIENE EN PELUQUERÍA

HIGIENE DEL LOCAL O SALÓN	
SUELOS	▶ Se limpian tanto como sea necesario, con un aspirador o cepillo que arrastre la suciedad sin levantar polvo, y después se friega con agua y detergente, preferiblemente germicida, o se desinfectan con lejía doméstica diluida al 10%.
CRISTALES	▶ Se limpian tanto como sea necesario con producto limpiacristales y bayetas apropiadas que no desprendan fibras, o con toallitas húmedas específicas.
ESPEJOS	▶ Se limpian diariamente o más frecuentemente si las necesidades lo requieren, con producto específico y bayeta, o con toallitas limpiacristales.
PAREDES Y VENTANAS	▶ Se retira el polvo, y después se limpia con un aparato a vapor, o se pasa un paño con lejía doméstica diluida al 10 % una vez al mes, o tan frecuentemente como sea necesario.
CORTINAS	▶ Se lavan según el tipo de tejido, cada 3 meses, o más frecuentemente si las necesidades lo requieren.
DESINSECTACIÓN	▶ Se realiza como mínimo una desinsectación anual. Aunque es recomendable efectuar 4 desinsectaciones al año haciéndolas coincidir con las temporadas previas a la reproducción de las principales amenazas.
DESRATIZACIÓN	▶ Se realizar al menos una desratización anual, pero se recomienda llevar a cabo dos al año, cada 6 meses, siendo siempre una de ellas en verano.
ZONA DE SANEAMIENTO DE ÚTILES	▶ Se debe disponer de una zona aislada del resto del salón provista de tomas eléctricas, donde se situan los baños de inmersión y los aparatos para la desinfección y esterilización de útiles y materiales.
RESIDUOS	▶ Las papeleras, cubos de basura, etc. permanecen tapados y se colocan ocultos, o en zonas no visibles para el cliente. Es conveniente que lleven tapa basculante o accionada con pedal, para permitir su apertura fácil y rápida, pero que no dejen escapar los olores o emisiones. ▶ Los contenedores de bioseguridad deben ser rígidos e impermeables, provistos de tapa, y su tratamiento se encarga a empresas especializadas. Se colocan en lugares accesibles, para no tener que desplazarse con los objetos peligrosos que vayan a desecharse, pero alejados de las zonas de paso, para evitar su caída o contacto accidental.

HIGIENE DE MOBILIARIO	
TOCADORES, MESAS, SILLONES Y CARRITOS AUXILIARES	▶ Deben permanecer siempre limpios y despejados. Por higiene, en el caso de los sillones, a veces es necesario protegerlos con una funda desechable o sabanita.
	▶ Se limpian después de cada uso eliminando la suciedad, si es necesario se utilizan productos de limpieza suaves.
	▶ Las manchas que puedan resultar difíciles de eliminar, deber limpiarse inmediatamente de forma discreta sin abandonar al cliente, o nada más terminar el servicio.
	▶ Diariamente al final de la jornada, o más frecuentemente dependiendo de las necesidades, se realiza una limpieza que elimine cualquier resto de suciedad, y posteriormente se pasa un producto desinfectante para completar su saneamiento, dependiendo de los materiales con los que estén fabricados.
	▶ Cada mes se realiza una limpieza en profundidad, incluyendo desmontado de piezas y accesorios, o más frecuentemente si las necesidades lo requieren.
ARMARIOS, VITRINAS Y EXPOSITORES	▶ Deben limpiarse semanalmente si están cerrados, o diariamente si están abiertos, con un producto de limpieza adecuado. Posteriormente se utiliza un producto desinfectante para completar su saneamiento.
	▶ Debe tenerse precaución con los plásticos porque pueden rayarse con algunos productos y materiales, e incluso variar su color y forma, con el calor, y con determinados productos.
LAVACABEZAS	▶ Deben limpiarse después de cada uso, se utiliza una bayeta húmeda para la limpieza, e incluso, dependiendo del material, un estropajo apropiado si la suciedad lo requiere y no lo desaconseja el fabricante. Se insiste especialmente en la zona de apoyo del cuello. Se eliminan los productos con agua, sin dejar restos ni en el interior, ni exterior.
	▶ Las manchas difíciles de eliminar, como los restos de tinte, decoloración, etc., se limpian inmediatamente de forma discreta sin abandonar al cliente, o nada más terminar el servicio.
	▶ Los grifos y duchas se mantienen limpios y desobstruidos, con la manguera flexible recogida cuándo no se esté utilizando, para evitar pliegues y roturas de la goma.
	▶ Diariamente, se realiza una limpieza que elimine cualquier resto de suciedad, y posteriormente se utiliza un producto desinfectante para completar su saneamiento, incluidos los desagües.
	▶ Cada mes se realiza una limpieza en profundidad, incluyendo desmontado de piezas y accesorios, o más frecuentemente si las necesidades lo requieren.

HIGIENE DE APARATOS Y EQUIPOS	
EXTERIOR	▸ Deben limpiarse inmediatamente después de su uso, o al finalizar el servicio si la limpieza requiere cierto tiempo, con los productos y materiales que recomiende el fabricante, y en su defecto, los exteriores se limpiarán primero con un paño seco para eliminar la suciedad, y posteriormente con un paño o bayeta húmeda que no desprenda fibras. ▸ No deben manipularse con las manos húmedas, o cerca de tomas de agua. ▸ La limpieza se realizará con el interruptor apagado y los aparatos desenchufados.
INTERIOR	▸ Puede limpiarse según instrucciones del fabricante, y si no dispone de recomendaciones específicas se eliminará la máxima suciedad, primero en seco, y posteriormente con un paño o bayeta humedecida en producto limpiador según el tipo de superficie con el que esté fabricado. ▸ Si disponen de depósitos de agua como el vaporal, es aconsejable utilizar agua destilada para evitar los depósitos de cal, y utilizar un limpiador de cal específico cada cierto tiempo, para evitar que se obstruyan las salidas. ▸ Las rejillas de secadores y las resistencias, y las varillas que las protegen de los aparatos de infrarrojos tipo climazón, se limpiarán regularmente con un cepillo seco y suave, que no raye las superficies.
ACCESORIOS DE CRISTAL	▸ Los accesorios de cristal como las lentes de la microcámara, los accesorios de la alta frecuencia, etc. se limpiarán después de su uso, eliminando primero la suciedad en seco, y posteriormente con un algodón humedecido en alcohol de 96°. Debe repetirse la operación con el algodón y el alcohol, para asegurar el completo retirado de todos los restos.

HIGIENE DE LOS ÚTILES	
GENERAL	▸ Se revisan regularmente, antes y después de cada uso, para comprobar su estado y limpieza. ▸ Debe utilizarse, siempre que sea posible, útiles desechables. ▸ Cuando los útiles están fabricados con distintos materiales, se debe tener en cuenta el criterio de mayor sensibilidad, como en los cepillos térmicos, o los rulos de malla, que suelen combinar plástico y metal, deberá sanearse como plástico, ya que las altas temperaturas que se utilizan para el metal podrían dañarlos.
DE PLÁSTICO (Peines, cepillos, pinzas, boles, paletinas, etc)	▸ Se limpia en seco cualquier tipo de suciedad que pueda tener y después se sumergen en agua tibia con un producto detergente, y se frotan con un cepillo si existe suciedad incrustada, o con una esponja que no raye si la superficie es lisa. Se aclaran abundantemente, y se secan. ▸ Si no es necesaria su esterilización, una vez secos se introducen para su desinfección en el germicida, generalmente 5-10 minutos de tiempo por cada lado de exposición. ▸ Si el material lo permite pueden introducirse en lejía doméstica diluida al 10 %, durante 10-30 minutos y, si se quiere esterilizar en un baño tapado de glutaraldehido al 2 %. Tras este tiempo se aclaran con agua y secarán cuidadosamente.
DE NIVEL CRÍTICO DE RIESGO: PUNZANTES Y CORTANTES (Tijeras, navajas, cuchillas, alicates, limas metálicas o de cristal, etc)	▸ Se elimina la suciedad con agua tibia y un producto detergente si son de acero inoxidable, una vez secos se pasa un algodón o gasa empapada en alcohol 70°, y cuando se evapore, las puntas se introducen en el esterilizador de perlinas de cuarzo, o se esterilizan en autoclave. ▸ Se seca cuidadosamente, especialmente las partes de madera para evitar su deterioro por moho. ▸ Una vez higienizados deben guardarse en fundas apropiadas que protejan las puntas y las zonas de corte. ▸ Deben sustituirse cuando hayan perdido su eficacia en la zona de corte y puedan resultar peligrosos. ▸ Se deben desechar aislándolos en un contenedor de bioseguridad, que debe ser tratado por empresas especializadas.

anexo

HIGIENE DE LOS ÚTILES

DE METAL NO CORTANTE:
(Pinzas, boles, empujacutículas, etc.)

▶ Si son de acero inoxidable se elimina la suciedad sumergiéndolos en agua tibia con un producto detergente, y se frotan con un cepillo si existe suciedad incrustada, después se aclaran, se secan totalmente para evitar oxidaciones, y finalmente se desinfectan o esterilizan.

DE CARTÓN:
(Limas, pulidores, etc.)

▶ Se recomienda utilizar una lima por cliente.

▶ Se limpia en seco cualquier tipo de suciedad que pueda tener el pulidor, frotándolo con un cepillo si la superficie es rugosa.

▶ Si no es necesario esterilizar, se introducen en el germicida, generalmente 3-5 minutos de tiempo por cada lado de exposición.

▶ Cuándo sus propiedades empiecen a disminuir o no se pueda garantizar su completo saneamiento deben sustituirse.

ÚTILES DE MADERA:
(Bigudíes, etc.)

▶ Se limpia en seco cualquier tipo de suciedad y después se lavan con agua tibia y un producto detergente, y se frotan con un cepillo si existe suciedad incrustada, o con una esponja que no raye si la superficie es lisa, después se aclaran y se secan para evitar su deterioro.

▶ Pueden limpiarse con un algodón o gasa humedecidos en alcohol.

▶ Para su desinfección se introducen en el aparato germicida.

HIGIENE DE LA LENCERÍA

BATAS, CAPAS, FUNDAS Y TOALLAS

▶ Utilizar siempre que sea posible material de un solo uso.

▶ Deben y estar limpios y libres de manchas.

▶ Se lavan con agua y detergente a más de 60° C, y si son blancos pueden sumergirse en lejía doméstica diluida al 0,5-10% durante 30 minutos.

▶ Se debe disponer de un contenedor específico para su recogida una vez usada, que vaya provisto de tapa.

▶ La ropa limpia se almacenará en lugares secos y moderadamente aireados, alejados de focos de contaminación.

▶ Se sustituirán cuándo hayan perdido su tacto o grosor originales, cuando estén gastados, rozados, o rotos, y cuando se vean descoloridos o manchados.

HIGIENE EN EL USO DE LOS COSMÉTICOS Y PRODUCTOS

COSMÉTICOS

▶ Los envases no deben manipularse con las manos sucias.

▶ En los tubos, se deben mantener limpios y sin obstruir los orificios de salida del producto, limpiando cualquier acumulación.

▶ Cuando el envase no venga provisto de dosificador, debe tomarse la cantidad adecuada de producto con una espátula, cacillo, o medidor apropiado, nunca introducir los dedos, para no entrar en contacto con el resto del producto, y así evitar su posible contaminación.

▶ Los envases no deben permanecer abiertos, deben taparse después de la extracción del producto para evitar su contaminación, y algunas sustancias como el agua oxigenada, podrían perder efectividad en contacto con el aire.

▶ Desechar todos aquellos productos que no estén correctamente etiquetados.

▶ Seguir las indicaciones del fabricante respecto a uso, conservación y almacenamiento.

OTROS PRODUCTOS

▶ Deben respetarse las normas de uso y conservación que indique el fabricante en la etiqueta.

EVALUACIÓN Y CONTROL DE CALIDAD DEL PROCESO DE HIGIENE Y ACONDICIONAMIENTO CAPILAR

Calidad en la aplicación y venta de servicios de higiene capilar

Podemos definir la calidad como el conjunto de características ajustadas a unas normas que deben reunir las empresas, la venta de productos y los servicios prestados por ellas, para conseguir la satisfacción del cliente al tiempo que se asegura la rentabilidad del negocio.

En los servicios de higiene capilar, la calidad se determina tanto por el desarrollo del proceso, como por el resultado final. De forma independiente podremos evaluar si el cliente se siente cómodo en el salón, si se siente satisfecho con los medios y productos que se emplean, si le parece buena la atención y competencia del personal que le atiende, el precio, y en general todo aquello que implique cumplir con sus necesidades establecidas, y que pueda comparar con otro servicio de características similares.

Si se consigue cumplir con estos objetivos, su percepción sobre el trabajo que estamos realizando será positiva, y no debemos olvidar que parte de los resultados del servicio demandado son responsabilidad nuestra, ya que una higiene capilar incorrecta, puede hacer que el resto de las técnicas empleadas no consigan el resultado esperado, afectando de esta forma a la calidad global del proceso.

Parámetros que definen la calidad del servicio de higiene y acondicionamiento capilar

En la higiene capilar, los indicadores o acciones que nos permiten definir la calidad será la completa satisfacción del cliente con el proceso específico, pero también con los medios, instalaciones, atención, trabajo realizado y resultados finales obtenidos.

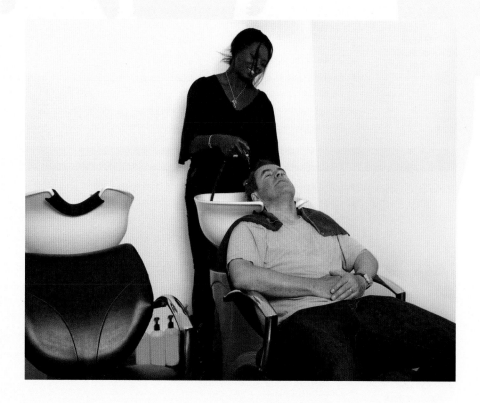

anexo

ATENCIÓN AL CLIENTE	▶ Atención cordial, profesional, y personalizada durante toda la estancia en el salón. ▶ Información precisa y suficiente. ▶ Acompañamiento a las distintas zonas o estancias del salón. ▶ Acomodación y adaptación del mobiliario, como subir o bajar sillones, ayudarle a colocar la cabeza en el lavacabezas, adaptar la altura para facilitar su comodidad, etc.
MEDIDAS DE PREVENCIÓN	▶ Cumplimiento estricto de las medidas de protección del cliente como la utilización de bata o capa, colocación de una toalla limpia en los hombros, empleo de almohadillas o adaptadores de nuca que faciliten la comodidad y eviten que la espalda se moje, que el cuello esté incómodo, y el tacto frío del lavacabezas, etc. ▶ Empleo de materiales limpios y libres de contaminación, desechables cuando sea necesario. ▶ Realización de las pruebas de sensibilidad, en los casos necesarios. ▶ Utilización de protección profesional, guantes, delantales, etc.
TIEMPO	▶ Preparación correcta y en un tiempo razonable, del equipo de trabajo, y del cliente. ▶ Sin tiempos de espera en el lavacabezas, ni tiempos intermedios entre el lavado y el acondicionado. ▶ Respetar y controlar los tiempos de exposición de los productos. ▶ No excesivo en el total del servicio.
TÉCNICA	▶ Selección personalizada e individual de los productos y técnicas, adecuados a las características de cuero cabelludo y cabello. ▶ Aplicación agradable de los productos de lavado y acondicionamiento. ▶ Evitar salpicar y mojar la ropa, la espalda, los ojos, etc. ▶ Realización del masaje capilar sin hacer daño.
INSTALACIONES Y EQUIPOS	▶ Higiene total, y orden, de todos los elementos del salón. ▶ Percepción de sensación cómoda y agradable durante toda la estancia. ▶ Suministro y reposición inmediata de cosméticos, materiales y productos.
PROFESIONALIDAD	▶ Habilidad y destreza en la técnica. ▶ Capacidad de respuesta ante los contratiempos, riesgos o desviaciones del servicio, que puedan producirse. ▶ Imagen correcta y poco llamativa. ▶ Adecuada higiene personal.
PRECIO	▶ Relación calidad-precio proporcionada.

Desviaciones y pautas de corrección en los servicios de higiene y acondicionamiento capilar

Es cuando el resultado obtenido en todo o en algún detalle del proceso, no es el esperado, y puede ser por realizaciones profesionales incorrectas, o por falta de satisfacción del cliente.

DESVIACIÓN (lo que NO debes hacer)	CORRECCIÓN (lo que SÍ debes hacer)
▶ Dejar esperando a un cliente 10 minutos en la entrada.	▶ Prever la llegada de los clientes.
▶ Tener el salón desordenado a la llegada del cliente y durante su estancia, con objetos que molestan, y con suciedad en algunas zonas.	▶ Mantener siempre el salón en perfectas condiciones de orden y limpieza, en todas las zonas.
▶ No prestar atención a un cliente que lleva más de 15 minutos de retraso en la sala de espera.	▶ Si se tiene conocimiento del retraso, informarle de que puede tardar, y tratar de ofrecerle alguna alternativa.
▶ Indicar desde la distancia y en voz alta a un cliente que pase a determinada zona.	▶ Acompañar amablemente al cliente a la zona indicada.
▶ Derivar al cliente al lavacabezas o a una zona concreta, sin confirmar su nombre y servicio demandado.	▶ Preguntarle el nombre a la llegada al salón, para confirmar el servicio, y el proceso que desea.
▶ Empezar a lavar el cabello del cliente sin conocer el servicio por el que acude al salón (algunos se lavan después del proceso técnico como el tinte, la decoloración, etc.).	▶ Solicitar información sobre el proceso antes de su llegada o en el momento de su recepción.
▶ Utilizar productos de los que no ha sido informado y consultado, y que encarecen el servicio inicial.	▶ Debe indicarse que por sus características sería aconsejable utilizar otro tipo de producto, e informarle de la cantidad adicional que representa en el precio.
▶ Manchar o mojar la ropa de un cliente, salpicar la cara, etc. por lavarle el cabello sin haberle protegido adecuadamente.	▶ Colocarle la bata o capa de protección, y una toalla en el cuello sobre los hombros. ▶ Utilizar siempre las medidas de protección, aunque se considere innecesario.
▶ Terminar un envase de producto o inutilizarse un utensilio necesario para la realización del trabajo, y no tener repuesto.	▶ Prevenir el consumo de productos y materiales, y disponer de cierta cantidad almacenada. ▶ Preparar los materiales antes del servicio.
▶ No saber cómo reaccionar ante determinadas preguntas técnicas.	▶ Solicitar ayuda del técnico responsable.
▶ Durante la realización del servicio, observar que los utensilios que necesitamos utilizar están sucios.	▶ Limpiarlos, y desinfectarlos o esterilizarlos después de cada uso, o en su defecto, antes de iniciar el servicio.
▶ Esterilizar con calor cepillos, peines o cualquier material que no resiste altas temperaturas.	▶ Leer cuidadosamente y respetar las instrucciones del fabricante, y en todo caso ante la duda, seleccionar otro método.
▶ Ante un caso de lesión de un cliente o compañero, entrar en pánico y no saber qué hacer	▶ Conservar la calma, realizar los primeros auxilios, y telefonear urgentemente al servicio de emergencias si tenemos dudas, o la gravedad lo requiere.

Evaluación de los servicios de higiene y acondicionamiento capilar y valoración de los resultados

De esta forma comprobamos que los servicios ofrecidos por el salón, se realizan según los protocolos establecidos y se adaptan a los servicios demandados por el cliente.

Encuesta de control de la calidad

Ayuda a determinar si algún detalle del proceso no ha sido correcto, y corregirlo. La cumplimenta el profesional que ha realizado el servicio, y debe contrastarse con la del cliente.

Dirección: Teléfono: E-mail:

HIGIENE Y ACONDICIONAMIENTO CAPILAR (ENCUESTA DE CONTROL DE CALIDAD)

Servicio realizado: Profesional: Fecha:
Cliente: Nº Registro:

Proceso	Valoración				
	Muy bien ☺	Bien ☺	Aceptable 😐	Regular ☹	Mal ☹
Agenda (disponibilidad de horario)					
Recepción					
Tiempo de espera					
Limpieza y orden del salón					
Imagen del profesional (peinado, etc.)					
Higiene y uniforme del profesional					
Preparación de la zona de trabajo					
Preparación de los productos a utilizar					
Adecuación del material al servicio a realizar					
Estado del mobiliario y accesorios					
Acomodación					
Protección del vestuario del cliente					
Información sobre los detalles del servicio					
Limpieza y estado de los útiles					
Destreza y habilidad del profesional					
Higiene durante el proceso					
Desarrollo del proceso					
Atención durante el proceso					
Tiempo empleado					
Resultado final					

Observaciones:

Encuesta de valoración del grado de satisfacción del cliente

En la valoración del grado de satisfacción de los servicios recibidos, suelen emplearse cuestionarios escritos. Debe completarse la información mediante preguntas al cliente que respondan a si el proceso les ha parecido correcto, y se debe prestar especial atención sus gestos y al lenguaje no verbal durante todo el proceso.

Dirección: Teléfono: E-mail:

HIGIENE Y ACONDICIONAMIENTO CAPILAR (ENCUESTA DE VALORACIÓN)

Servicio realizado: Profesional: Fecha:
Cliente: Nº Registro:

Proceso	Valoración				
	Muy bien ☺	Bien ☺	Aceptable 😐	Regular ☹	Mal ☹
¿Han tardado mucho en atenderle a su llegada?					
¿El salón estaba limpio y ordenado?					
¿El profesional tenía una imagen adecuada?					
¿La zona de trabajo estaba preparada a su llegada?					
¿Le acompañaron a la cabina?					
¿Le ayudaron a acomodarse?					
¿Protegieron su vestuario con bata, capa,…?					
¿Le informaron sobre el servicio que se le iba a realizar?					
¿Los útiles y materiales estaban limpios?					
¿Los útiles y materiales estaban en buen estado?					
¿Utilizaron el material desechable adecuado?					
¿El profesional actuó con destreza?					
¿Se mantuvo la higiene durante el proceso?					
¿Le propusieron la utilización de nuevos productos?					
¿ Le recomendaron productos para su uso domiciliario?					
¿Se ha sentido bien atendida/o durante el proceso?					
¿Se ha sentido cómoda/o durante su estancia en el salón?					
¿Le parece que el tiempo empleado ha sido adecuado?					
¿Está satisfecha/o con el resultado final?					
¿El resultado final era el esperado?					
¿El precio le ha parecido adecuado?					

Observaciones:

Normas básicas de actuación ante quejas y reclamaciones de los clientes

Ante las quejas o una reclamación, se debe **mantener siempre la calma,** ser muy discretos, y **escuchar con atención,** tratando de solucionar el incidente con la mayor brevedad posible. Siempre es aconsejable pedir disculpas, aunque no esté demasiado claro de quien ha sido el error, recordando el dicho «el cliente siempre tiene razón». Es imprescindible que la peluquería cuente con un seguro de responsabilidad civil para las reclamaciones económicas, y con hojas de reclamaciones oficiales por si las solicitan.

MOTIVO	FORMA DE ACTUACIÓN
Descontenta/o con la atención prestada	▶Pedir disculpas, y mostrar intención de mejorarlo.
Descontenta/o durante el servicio	▶Pedir disculpas, y tratar de solucionar el problema realizando los cambios oportunos, para que se adapte a lo esperado.
Descontenta/o con el resultado final	▶Pedir disculpas, rogar que nos explique lo que no le parece bien y porqué, que nos explique lo que esperaba y tratar de corregirlo.

Es aconsejable no cobrar el servicio, hacer descuento, u ofrecer otro servicio gratis, cuando el error ha sido del profesional y no se puede corregir.

actividades

1. Explica cómo definirías tú la calidad en la higiene y el acondicionamiento capilar, y nombra los parámetros que la definen.

2. Realiza tu propia encuesta de control de calidad en los procesos de higiene y acondicionamiento capilar, y utilízala en el siguiente servicio que realices.

3. Nombra 2 errores o desviaciones del servicio que no estén incluidos en la tabla con su correspondiente corrección.

4. Confecciona una encuesta de valoración del cliente propia.

5. Realiza un supuesto práctico con otro compañero, en el que simuléis ser unas clientes descontentos por los siguientes motivos:
   ▶La cliente dice que se le ha aplicado un acondicionador que tenía un precio más elevado que el habitual, y que no se le había solicitado permiso.
   ▶La cliente dice haber estado esperando 45 minutos sin que nadie le haya informado del retraso en su cita.
   ▶La clienta dice haberse manchado durante su estancia en el salón, una prenda muy cara con tinte oscuro.
   ▶A la cliente le ha parecido que el trato ha sido "poco formal", y no le ha parecido bien que le llamaran de tú (tutearan).

6. Explicad debatiéndolo en clase que pensáis que un cliente considera más importante cuando acude a un salón de peluquería: el resultado final, la atención recibida, la actualización de los profesionales, el precio, la rapidez en el servicio, etc. Razonad la respuesta.

Esperamos que con el desarrollo del curso te hayas dado cuenta de que tu propia imagen y el cuidado personal que desarrolles en ti consigue de forma simultánea dos objetivos: tu bienestar personal-profesional y la valoración positiva de los clientes que se acercan a ti.

Al finalizar este curso se abre una nueva etapa personal y profesional, puedes optar por el mundo laboral o por seguir con tus estudios.

La formación y las salidas que tienes como auxiliar de imagen personal son muchas: salones de estética, *nail's bar*, peluquerías, caracterización, asesoría y estilo…

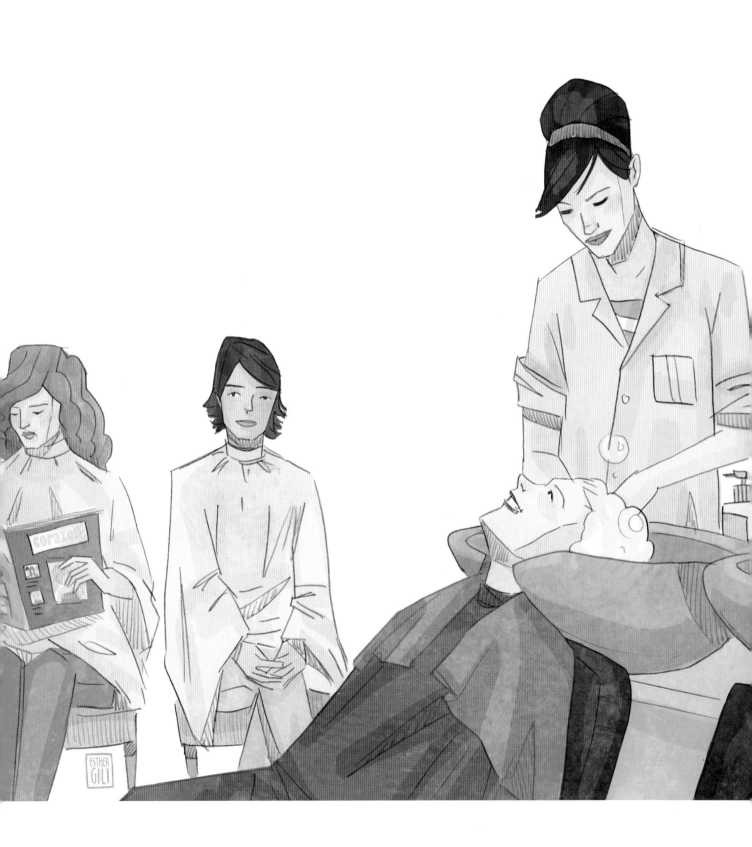

Videocinco te invita al
«Cóctel de la Felicidad» de Rojo de Fassi,
su nuevo sello editorial pensado especialmente para ti.

¿Quieres el tuyo? Entra en www.rojodefassi.com e invita a tus amig@s!!